PSICOLOGIA EXPERIMENTAL

Manual Teórico e Prático de Análise do Comportamento

5ª ed. revista e ampliada

Vera Lúcia Varanda Lombard-Platet

Psicóloga pela Pontifícia Universidade Católica de São Paulo
Mestre em Psicologia Experimental pela Universidade de São Paulo

Olga Maria Watanabe

Psicóloga pela Universidade de São Paulo
Pós-graduada em Psicopedagogia pela Universidade São Francisco
Pós-graduada em Psicologia da Saúde pela Universidade Guarulhos

Leila Cassetari

Psicóloga pela Universidade de Mogi das Cruzes
Pós-graduada em Psicopedagogia pela Universidade de Mogi das Cruzes
Mestranda em Otoneuropsicologia: Universidade Federal de São Paulo
Escola Paulista de Medicina

EDICON

CIP-BRASIL. CATALOGAÇÃO-NA-FONTE
SINDICATO NACIONAL DOS EDITORES DE LIVROS, RJ

L833p
5. ed.

Lombard-Platet, Vera Lùcia Varanda
Psicologia experimental : manual teórico e prático do comportamento / Vera Lúcia Varanda Lombard-Platet, Olga Maria Watanabe, Leila Cassetari. - 5. ed. revista e ampliada- São Paulo : EDICON, 2015.
272 p. : il. ; 21 cm

Apêndice
Inclui bibliografia
ISBN 978-85-290-0871-4

1. Psicologia experimental. I. Watanabe, Olga Maria. II. Cassetari, Leila. III. Título.

13-1352. CDD: 150.724
CDU: 159.9.072.5

Revisão Técnica:
Antônio Jayro da Fonseca Motta Fagundes
Mestre e Doutor em Psicologia pela Universidade de São Paulo
Professor Emérito da Universidade Guarulhos

Fotos:
Fernando Sampaio

Editoração Eletrônica:
Valentina Ljubtschenko

Capa:
Soraia Ljubtschenko Motta

EDICON
Editora e Consultoria Ltda EPP
(11) 3255 1002 • 3255 9822
Rua Gama Cerqueira, 87 Cambuci
CEP 01539-010 São Paulo/SP
www.edicon.com.br

Índice

1ª parte: Textos e resumos

2ª parte: Exercícios

3ª parte: Práticas de laboratório

Anexos

AGRADECIMENTOS

Alguns acharão antigo, outros, desnecessário... Para nós, primordial. São tantos... Uns se foram, outros mudaram seus rumos; alguns permaneceram mais próximos. Todos foram e continuam sendo importantes mestres, profissionais, colegas de equipe, pesquisadores, editores, revisores, familiares e amigos.

A alguns temos o dever de agradecer nominalmente pelos ensinamentos, apoio e encorajamento:

Dr. Antônio Jayro da Fonseca Motta Fagundes, em especial, nosso mestre, amigo e conselheiro, sempre presente;

Dra. Hannelore Fuchs;

Fernando Oliveira Curral, psicólogo e diretor da Ômega Clínica Psicológica S/C Ltda.;

Profª Ghislaine Gliosce da Silva;

Dra. Ana Lúcia Gatti;

Dra. Lígia Maria de Castro Marcondes Machado (In memoriam);

Dra. Cibele Freire Santoro;

Dra. Wilma Santoro Patitucci;

Mário Alves Coelho;

Valentina Ljubtschenko, da EDICON;

e tantos outros que aqui não tenham sido citados – o que tornaria a relação infindável – sintam-se, da mesma forma, lembrados.

Aos nossos ex-alunos, um agradecimento especial, pois contribuíram para nossos estudos, questionamentos e sugerindo alterações no material.

Aos nossos amigos que, mesmo nos conhecendo profundamente, ficaram ao nosso lado, acolhendo as angústias, as incertezas e as alegrias.

Aos nossos pais – suas vidas dedicadas à nossa formação – e aos nossos familiares, tão próximos e de quem subtraímos tantas horas de convívio e amor.

As Autoras

PREFÁCIO

Psicólogo clínico não nasce, faz-se. O estudo, a investigação e a prática clínica formam o psicoterapeuta de nossos dias.

Desde o momento da aproximação ao problema, da avaliação e finalizando com o seu tratamento, o enfoque da Análise Experimental do Comportamento apresenta aplicação prática imediata e verificável. Constitui a pedra fundamental das demais ciências do comportamento.

Melhor que teorização é a experiência. Desta nasce a teoria. Foi assim que do laboratório surgiram os primeiros ditames de Análise Experimental do Comportamento e é assim que surgirão novas ideias. É assim que surgiu este livro, fruto da experiência pedagógica das três autoras. Com estilos distintos e vivendo diferentes lados da Análise Experimental do Comportamento, Vera, Olga e Leila possuem em comum a paixão pelo modo de pensar objetivo e científico.

Compartilho dessa paixão, que me levou ao estudo da etologia e dos transtornos comportamentais dos animais e que me remete, primeiro, ao paradigma seguro da observação sem julgamento, à análise e ao planejamento das intervenções terapêuticas. Porém, uma abordagem equilibrada de qualquer problema requer que intuição e sentimento sejam igualmente acionados para aprender informações de processos inconscientes.

O manual aqui presente, escrito com simplicidade e boa didática, ajuda a trilhar o caminho árduo para o principiante da psicologia experimental. Contém os ensinamentos vitais, vividos no silêncio do laboratório, e as regras para a observação do comportamento humano e animal, num universo cada vez mais complexo.

Após retrospectiva histórica, onde realçam a aplicação e desenvolvimento do tema, as autoras apresentam os fundamentos e conceitos teóricos da psicologia experimental, abordando em seguida a parte de laboratório, treinando-se a elaboração de um relatório de pesquisa.

Os procedimentos são apresentados segundo os preceitos clássicos da Análise Experimental do Comportamento. Acrescidos de exemplos e casos clínicos atuais dão oportunidade ao principiante para construir um arcabouço prático, que pode ser utilizado para verificar a adequação de conceitos teóricos de outras linhas.

Na forma de perguntas e de guia de estudo, o livro "ensina, fazendo". Revela a necessidade de objetividade, do saber olhar e descrever comportamento, antes de "psicologizar", de questionar o lado oculto de nossa fala e descobrir um mundo mais concreto que pode levar a um caminho terapêutico e educacional mais eficaz.

Existem tratados e livros sobre os mais diversos aspectos da psicologia, mas pouquíssimos livros nos ajudam no básico e fundamental aprendizado da observação, dos mecanismos de condicionamento, nas maneiras precisas de trabalhar em laboratório com um organismo animal.

Ao oferecer num único volume teoria, laboratório e exercícios de redação de relatório de pesquisa, este livro se constitui em importante contribuição brasileira ao ensino da Análise Experimental do Comportamento em nossas faculdades de psicologia.

Congratulo as autoras e meus amigos Jayro e Valentina da Editora EDICON por mais esta iniciativa. Reatar nossa amizade, ver as transformações, conviver de forma intensa e prazerosa com a equipe foi, com certeza, um benefício adicional ao escrever este prefácio.

Hannelore Fuchs

Psicoterapeuta e Médica Veterinária

Mestre e Doutora em Psicologia Experimental

APRESENTAÇÃO

Estudar Ciência é algo fascinante. O método científico nos conduz a caminhos que nos fazem pensar, relacionar eventos, fazer arranjos de variáveis, verificar suas alterações estabelecer novas relações. Trata-se de um trabalho árduo, mas recompensador.

Mostrar esse caminho, essa forma de pensar em Psicologia, que nos possibilita estabelecer relações infinitas entre os comportamentos e as variáveis do meio ambiente, é também recompensador e, ao mesmo tempo, desafiante.

Os rumos que a Ciência toma, em especial esta ciência tão recente como é a Psicologia, devem ser de conhecimento de todos que por ela se interessam. Mas para entender Ciência é preciso "pensar cientificamente", ou seja, fazer uma análise objetiva dos eventos comportamentais e ambientais, baseado no que os fatos nos mostram e não a partir do que imaginamos ser ou do que gostaríamos que fosse, abandonando suposições leigas, julgamentos e opiniões pessoais, por vezes ingênuos, sobre os fenômenos.

Entre os objetivos específicos do livro, nosso intento é participar da divulgação deste modo de pensar objetivo e científico, utilizando uma das teorias psicológicas que adotam o método experimental: a Análise Experimental do Comportamento.

Não há a pretensão em se publicar um compêndio sobre os princípios básicos e conceitos da Análise Experimental do Comportamento, nem em se pensar que este seja um material absolutamente original. Evidente que as obras dos "grandes mestres" não podem, de modo algum, ser substituídas e, com certeza, devem ser lidas e discutidas para um entendimento profundo dos princípios e conceitos e sua utilização nesta área de estudo.

Cabe esclarecer que nossa experiência acadêmica no ensino superior tem demonstrado que o aluno iniciante do curso de Psicologia apresenta um repertório de entrada que carece de requisitos indispensáveis à aquisição de uma linguagem precisa e técnica, bem como do raciocínio envolvido na própria Análise Experimental do Comportamento, entre outros:

- o emprego de uma terminologia destituída de significados próprios do senso comum, via de regra restritos e impregnados de valores de julgamento, os quais dificultam o sentido preciso de termos tais como: estímulo, ambiente, comportamento, resposta, positivo, negativo etc;
- noção de encadeamento sequencial de eventos observados e/ou descritos.

Assim, justifica-se que nos textos e exercícios propostos neste livro sejamos intencionalmente repetitivas e, por vezes, até redundantes, uma vez que partimos do pressuposto de que a repetição sistemática estabelece a correta e eficaz conexão S-R(Estímulo-Resposta), contribuindo também para que a compreensão do conteúdo e a transferência da aprendizagem ocorram.

Em todos os exercícios e exemplos foi conservada a linguagem informal. Isto se deve ao fato de que os casos do cotidiano surgem numa linguagem coloquial, por vezes entremeados de dados irrelevantes à análise e repletos de subjetividade. Sendo assim, o objetivo é propiciar ao aluno subsídios que o capacitem à análise de casos redigidos numa linguagem não-científica e, simultaneamente, levá-lo a atentar para a necessidade de especificar com precisão as situações e/ou comportamentos.

Este material foi – e tem sido constantemente – fruto de um trabalho conjunto, com ideias valiosas de muitos. Por volta de 1976, um grupo de professores, preocupado com esses objetivos, começou a sistematizar a transmissão desse conhecimento de uma forma didática. Foram surgindo ideias de escrever-se textos sobre tópicos, não existentes em português na época e/ou não tão "esquematizados" para a compreensão de um leitor iniciante na área e produzir exercícios ilustrativos dos conceitos. Há quase duas décadas atrás, alguns, por motivos pessoais e profissionais diversos, deixaram de integrar a equipe inicial, todavia continuam a fazer parte de nossos estudos e de nossas vidas.

Diversas revisões foram realizadas a partir de sugestões de colegas, dúvidas de alunos, anotações para preparo de aulas, leituras e discussões dos trabalhos publicados na área e a própria experiência profissional das pessoas envolvidas. A colaboração do professor Antônio Jayro da Fonseca Motta Fagundes — por muitos anos integrante e incentivador do grupo inicial de professores —, auxiliando-nos a rever a versão final deste material e fornecendo sugestões do que excluir ou incluir, foi valiosa.

Este manual pode servir como material de apoio aos iniciantes na área e para uso em cursos introdutórios de Análise Experimental do Comportamento, de modo a facilitar o trabalho de professores e alunos. Cada professor, a partir de seu programa da disciplina, poderá inserir as leituras complementares que julgar pertinentes, ampliando as discussões em grupo e em aulas expositivas, bem como decidir quais textos, resumos, exercícios ou experimentos realizar, de acordo com suas prioridades e objetivos.

Este livro está dividido em três partes: (1ª) textos e resumos teóricos, (2ª) exercícios e (3ª) práticas de laboratório.

A **primeira parte** contém textos e resumos teóricos referentes aos princípios básicos de Análise Experimental do Comportamento.

A **segunda parte** refere-se aos exercícios, cada um sobre um assunto abordado na primeira parte, os quais têm como objetivo fixar a terminologia técnica dos princípios envolvidos, além de proporcionar alguma generalização para uma situação mais natural, ainda que simples.

A **terceira parte** aborda as instruções detalhadas para a realização das práticas de laboratório.

Por último, anexamos um roteiro para elaboração de relatórios científicos e dois exercícios para discussão dos dados coletados com algumas das práticas de laboratório propostas.

❖❖❖

Na terceira edição foram revisados e ampliados os textos e resumos, da primeira parte, de modo a torná-los mais claros e completos. Algumas leituras complementares foram selecionadas e colocadas ao final dos textos e resumos para aqueles que quiserem um maior aprofundamento no assunto. Essas sugestões, no entanto, não cobrem toda a extensa gama de opções existentes na literatura. Foram introduzidas novas questões nos exercícios na segunda parte do livro. Na quinta edição complementamos algumas informações e fizemos alguns ajustes.

Esperamos que vocês aproveitem, aprendam, cresçam na Psicologia, se transformem e contribuam profissionalmente para outras transformações.

Gostaríamos de contar com sugestões e críticas dos leitores que venham a utilizar este material em seus cursos.

Vera Lúcia Varanda Lombard-Platet

Olga Maria Watanabe

Leila Cassetari

ENDEREÇO PARA CORRESPONDÊNCIA:

ÔMEGA - Clínica Psicológica S/C Ltda
Rua Maquerobi, 222 - Praça da Árvore
CEP 04053-030 - São Paulo - SP
Fone/Fax:11-5589-6387
e-mail: omegacli@uol.com.br

EDICON – Editora e Consultoria Ltda
Rua Gama Cerqueira, 87 - Cambuci
CEP 01539-010 - São Paulo - SP
Fone:11-3255-1002
*e-mail:*edicon@edicon.com.br

1ª PARTE

TEXTOS E RESUMOS

Os textos foram escritos visando introduzir o leitor no assunto abordado, usando uma linguagem técnica e, ao mesmo tempo, acessível à compreensão.

Alguns textos são acompanhado de questões de estudo que abordam o conteúdo e têm como objetivos levar o leitor a identificar os pontos principais, retomar a leitura e fixar conceitos.

Os resumos utilizam uma linguagem técnica, e ao final desta unidade as autoras fazem a indicação e recomendação de algumas leituras complementares que podem auxiliar no aprofundamento e domínio dos princípios, conceitos e temas contidos neste manual.

1

A ANÁLISE EXPERIMENTAL DO COMPORTAMENTO: ALGUMAS CONSIDERAÇÕES

A *Análise Experimental do Comportamento* – uma das abordagens da Psicologia – utilizando-se da metodologia científica, especificamente do método experimental, oferece-nos uma forma de raciocinar logicamente, a respeito dos comportamentos e variáveis a eles relacionadas – pensar de uma maneira clara, objetiva e precisa, sem ter que recorrer a eventos subjetivos e interpretativos que podem obscurecer e tornar falha a análise.

Entre outros, um dos objetivos deste livro é o de *mostrar e ensinar essa forma lógica de analisar comportamentos, através das atitudes científicas, sem interferências pessoais do observador*, utilizando para isso os princípios básicos da Análise Experimental do Comportamento.

Para você refletir, por enquanto:

"O condicionamento operante não é puxar barbantes para fazer uma pessoa dançar; é arranjar um mundo no qual uma pessoa faz coisas que afetam esse mundo, que por sua vez a afetam.

(...)Estamos caminhando para entender que culturas evoluem e que qualquer prática que torne uma cultura mais provável de sobreviver, sobreviverá com a cultura. Quando estudantes me perguntam "Por que eu devo me preocupar se meu modo de vida vai sobreviver?",

a única resposta honesta, eu penso, é esta: não há nenhuma razão real, mas se a sua cultura não o convenceu de que há, tanto pior para sua cultura".

(Comentários de B. F. Skinner, em *Psychology today*, novembro de 1972, ou *In* H.I. Cohen e J. Filipczak *A new learning environment*. Jossey-Bass Ed, 1972).

Uma ciência do Comportamento tem sido desenvolvida rápida e eficazmente nos últimos anos. A partir do controle experimental, sob o qual seus estudos são realizados, têm sido obtidos dados fidedignos, demonstrando sua eficácia e aplicabilidade. Seus objetivos não se restringem somente à modificação de comportamentos, mas também pretendem realizar um serviço de prevenção, dispondo de maneira mais adequada as condições sob as quais o homem vive e, com isso, facilitando a aprendizagem de comportamentos adequados ao seu meio social, e que tornem esse Homem mais feliz.

Tudo isso não significa que a ciência do comportamento tenha se esgotado. Muitos estudos ainda estão sendo realizados e outros mais precisam ser levados a efeito. A ciência, afinal, é cumulativa. Uma ciência do comportamento não estará completa em tão pouco tempo; porém, sua utilização adequada poderá prover meios eficazes para a sobrevivência do homem, evitando que ele se restrinja a um desenvolvimento exclusivamente tecnológico, mas contribuindo para que ele aprimore seus padrões comportamentais e até mesmo culturais.

Cabe recorrer a mais uma frase de Skinner (1964), que tão bem expressa isso: "Nada é considerado menos empobrecido do que uma compreensão genuinamente eficiente do comportamento humano. A Psicologia precisa aprender uma lição muito importante: ela não pode responder a todas as questões que lhe são dirigidas."

Principais trabalhos publicados por Skinner

B. F. Skinner[1] nasceu na Pensilvânia (EUA) em 1904 e faleceu aos 86 anos, em 1990. Sua obra é grande; seus artigos, lidos por um grande número de interessados; seus experimentos refeitos inúmeras vezes, inclusive até hoje, por estudantes de Psicologia; suas ideias ampliadas e usadas com êxito na prática e, ao mesmo tempo, criticadas por muitos. Sua obra e suas ideias merecem ser lidas com atenção.

[1] Nota do revisor: Burrhus Frederic Skinner nasceu em Susquehanna, Pensilvânia, EUA, aos 20/mar/1904 (ano em que I. P. Pavlov ganhou o prêmio Nobel). Diplomou-se como professor de inglês e pós-graduou-se em Psicologia. Morreu com 86 anos, aos 18/ago/1990, na cidade de Cambridge, Massachussets, EUA. É uma das figuras proeminentes na área de Psicologia.

Skinner publicou seu primeiro livro em 1938, intitulado *Behavior of organisms* (*O comportamento dos organismos*), sistematizando os princípios básicos da Análise Experimental do Comportamento. *Walden Two*, publicado em 1948, é uma narrativa literária do gênero das utopias, mostrando uma pequena comunidade planejada de acordo com os princípios básicos propostos.

Em 1953, no livro *Science and human behavior* (*Ciência e comportamento humano*), Skinner retomou os princípios da Análise Experimental do Comportamento (AEC), ampliando-os para novos campos como a religião, o governo, a educação, a economia, o autocontrole e o comportamento social. Em seu livro *Verbal behavior* (*Comportamento verbal*), publicado em 1957, faz uma análise das variáveis que controlam diferentes tipos de operantes verbais por ele classificados. Ainda em 1957, é publicado, juntamente com C.B. Ferster, *Schedules of reinforcement* (*Esquemas de reforçamento)*, no qual mostra como os comportamentos são mantidos pelos esquemas de reforçamento.

Em 1959, publicou *Cumulative record*. Nele fez uma coletânea de ensaios, criticando, entre outros, as práticas de ensino tradicionais e propondo a "instrução programada".

Em 1961, com J. G. Holland, houve a publicação de *The analysis of behavior: a program of self-instruction* (A análise do comportamento: um programa de instrução programada), no qual sistematiza os princípios básicos de AEC, através de um texto de "instrução programada".

The tecnology of teaching (*Tecnologia de ensino*), publicado em 1968, apresenta uma exposição sobre o papel das "máquinas de ensinar" na educação. Outro livro, *Contingencies of reinforcement, a theoretical analysis* (*Contingências de reforçamento, uma análise teórica*), publicado em 1969, discute os princípios básicos apresentados anteriormente, com dados complementares, reunindo artigos do autor.

Em 1971 é publicado *Beyond freedom and dignity* (publicado com o nome de *O mito da liberdade*) no qual tece comentários sobre a liberdade humana, na sociedade atual. Em 1974 é editado *About behaviorism* (*Sobre o behaviorismo*); em 1978, publicou *Reflexions on behaviorism and society* e em 1987, *Upon further reflection,* nos quais faz considerações sobre a posição ética, filosófica e metodológica a respeito do estudo do comportamento.

Em 1983 é lançado um de seus últimos livros, escrito com M. E. Vaughan, *Enjoy old age: a program of self-monitoring* (Viva bem a velhice), destinado a todas as idades, desde que haja interesse em compreender melhor a velhice ou preparar-se para ela.

Em 1989, publicou o livro *Recent issues in the analysis of behavior* (*Questões recentes na análise comportamental*), em cujo prefácio, na edição brasileira de 1995, afirma que "a maior parte do presente volume é dedicada a questões teóricas e profissionais e destina-se principalmente a psicólogos e analistas do comportamento".

Além dos livros, B. F. Skinner publicou inúmeros artigos em revistas científicas, até hoje lidos e relidos pelos estudiosos.

Os trabalhos de Skinner são, sem dúvida, valiosos e sua teoria, demonstrada através de observações e experimentações incontestáveis do ponto de vista metodológico, tem sido aplicada nos mais variados campos de atuação da Psicologia com grande êxito.

Segundo Luís Cláudio Figueiredo, em entrevista para uma publicação na *Folha de São Paulo*, agosto de 1990, quando da morte de Skinner, ele "... era um agitador cultural". O autor desse artigo, Fernando de B. e Silva, termina escrevendo: "Se a análise for correta, Skinner atingiu o alvo. Morreu catalisando atenções e provocando polêmicas".

A ciência

Para se falar sobre Psicologia enquanto ciência, são necessárias certas noções sobre o trabalho científico. A explicação científica é apenas mais uma forma de se compreender a realidade, dentre várias que o Homem tem usado no seu cotidiano. Assim, serão dadas algumas noções básicas para facilitar a compreensão do modo de trabalhar em Psicologia.

A Ciência geralmente é definida como *um corpo acumulado de conhecimentos, adquiridos através do uso do método científico, com o objetivo de compreender, prever e controlar os fenômenos da natureza.* A Ciência é fruto de um trabalho conjunto de cientistas, partindo de conhecimentos já adquiridos, completando-os, reformulando-os ou até mesmo refutando-os e, com isso, fazendo com que haja um avanço no conhecimento científico.

Um dos objetivos da Ciência, a *predição,* significa que quanto maior for o grau de conhecimento que se tiver a respeito de um dado fenômeno, maior será o grau de predição em relação a ele. Com base na probabilidade, pode-se saber de antemão, se sob determinadas condições o evento ocorrerá ou não, de que forma, etc. Se todas as condições – ou a maioria delas – forem conhecidas e especificadas, será possível prever a ocorrência de um fenômeno com alta probabilidade de acerto.

De acordo com Staats e Staats (1973, p. 19), "se conhecermos que o evento 1 é de fato seguido, com segurança, pelo evento 2, regularmente, o conhecimento do evento 1 nos permite saber o que será o evento 2. (...) Se houver uma relação regular entre o evento 1 e o evento 2, o segundo evento pode ser previsto através do primeiro".

Em relação a outro dos objetivos da Ciência – o *controle* –, pode-se dizer, segundo McGuigan (1976, p. 132) que, "a palavra controle implica que o experimentador tenha o poder sobre as condições de seu experimento; ele é capaz de manipular variáveis num esforço para chegar a uma conclusão segura".

Resta-nos discutir um pouco mais sobre o *método científico*. Esse é o modo de trabalhar comum a todas as ciências. É através dele que as ciências obtêm respostas às suas perguntas, resultando nas explicações sobre os eventos da natureza.

Um dos métodos usados pela Ciência é o *método experimental*. Uma vez que a Psicologia enquanto Ciência é o nosso objetivo, deve-se ressaltar que ela apresenta, em seu corpo de conhecimentos, a utilização de vários métodos, entre eles o método experimental. Porém, não é o nosso objetivo discorrer sobre cada um desses outros métodos e nem sobre os pormenores do método experimental. Na Psicologia, a Análise Experimental do Comportamento usa o método experimental e através do uso do método experimental têm sido sistematizados os princípios básicos da Análise Experimental do Comportamento, proporcionando conhecimentos e explicações seguras sobre os comportamentos.

A *observação, descrição* e *mensuração* dos fatos são pontos de suma importância no método experimental. Para isso, têm sido desenvolvidas técnicas de observação e registro de comportamentos, visando obter dados cada vez mais fidedignos. A observação e a medida dos fenômenos nos permitem a coleta de dados confiáveis e que, assim, podem ser replicados quantas vezes forem necessárias para que se conheça cada vez mais sobre um determinado fenômeno. Interpretações subjetivas, pessoais ou relacionadas a autoridades devem ser abandonadas para que ocorra o progresso científico.

Além disso, a *experimentação* pode ocorrer em estudos experimentais, buscando relações entre as variáveis estudadas.

Um outro conceito importante relacionado ao método experimental e, consequentemente, à Análise Experimental do Comportamento, refere-se ao *determinismo*.

O determinismo sugere que os eventos da natureza, incluindo o comportamento, não ocorrem ao acaso, desordenadamente. Nessa medida, pode-se formular leis que regulam a ocorrência dos fenômenos. São essas leis que são buscadas pelo método científico. O cientista empenha-se na busca contínua de explicações, cada vez mais completas e confiáveis, rejeitando as explicações prematuras, não comprovadas pela observação e experimentação, quando da utilização do método experimental, em específico.

Se o cientista puder determinar com exatidão as condições precisas que se relacionam a um fenômeno, ele poderá *prever* a ocorrência deste fenômeno, com certa probabilidade, antecipadamente. Assim, o astrônomo pode prever eclipses e, ainda que com menos precisão, o psicólogo, em um laboratório, pode prever o efeito da recompensa sobre a aprendizagem animal. Se, além de especificar as condições antecedentes necessárias, o cientista for capaz de reproduzi-las, ele poderá não apenas predizer, mas também alterar a ocorrência do fenômeno. Fornecendo recompensas apropriadas, o cientista pode alterar o comportamento do animal em uma situação de aprendizagem. Em relação ao comportamento humano a tarefa é bem mais árdua, uma vez que este é influenciado por inúmeras condições inter-relacionadas e complexas.

O controle e a medida das variáveis

O objetivo do experimentador é descobrir as condições que são significativas para a ocorrência do evento em questão. Para atingir esse objetivo, ele deve exercer controle sobre todas as condições possivelmente relevantes, a fim de descobrir quais são ou estão de fato relacionadas com o fenômeno. Quando se investiga um problema experimental tenta-se estabelecer relações entre as variáveis. Pode-se citar as *variáveis independentes (VI)*, as *variáveis dependentes (VD)* e as *variáveis estranhas* em um experimento.

A *variável independente* é a variável que será manipulada ou variada a fim de se verificar se ela produz mudanças em outras variáveis. Ela pode ser considerada como as condições responsáveis pela ocorrência do evento e que estão sob controle do experimentador.

O fenômeno, acontecimento ou evento que é afetado pela variável independente é denominado *variável dependente* (VD). Ela é mensurada o tempo todo para que o experimentador possa conhecer se a VI, quando manipulada, afeta a VD.

Se a VD se modifica de acordo com as manipulações na VI, então pode-se afirmar que existe uma *relação funcional* entre elas.

Logicamente, o controle, a manipulação e a medida das variáveis experimentais são melhor executados no laboratório, o que, porém, não impede que isso seja realizado no ambiente natural.

Além de determinar quais variáveis serão manipuladas (VI), afetando supostamente as variáveis dependentes (VD), o experimentador deve prestar atenção ao controle das *variáveis estranhas* também presentes na situação, pois elas podem afetar a VD. Dessa forma, elas deverão ser mantidas constantes – iguais ou semelhantes ao máximo – durante toda a experimentação, para que se possa, de fato, avaliar somente os efeitos de uma ou mais variáveis independentes sobre uma dada VD. Se não se consegue controlar as variáveis estranhas, ter-se-á um experimento confuso, com dados que não poderão ser exclusivamente atribuídos à manipulação da VI.

Na Análise Experimental do Comportamento, a variável independente diz respeito ao meio ambiente e a variável dependente refere-se ao comportamento de um organismo vivo.

Vejamos um exemplo, tomando o que é feito no laboratório de Psicologia Experimental pelos estudantes de Psicologia. O sujeito experimental é o rato albino, da linhagem *Wistar*. O comportamento escolhido para ser estudado é pressionar a barra dentro da caixa de Skinner. O que se tentará demonstrar é qual o efeito da apresentação de água (estímulo ambiental) sobre o comportamento de pressionar a barra.

Assim sendo, a VD – o comportamento a ser observado e mensurado – é pressionar a barra. A VI – a variável que o experimentador manipulará a fim de observar possíveis mudanças no comportamento (VD) – é a apresentação de água, logo após cada pressão à barra. Essa água pode ou não ser apresentada, verificando-se se isso produz alguma mudança comportamental.

Há outras variáveis presentes nessa situação experimental que poderiam interferir nos resultados e que, portanto, devem ser mantidas constantes. Estas são as variáveis estranhas. Por exemplo, será usado sempre o mesmo modelo de câmara experimental, a qual liberará sempre a mesma quantidade de água; o tempo de privação de água do sujeito experimental será sempre o mesmo; a temperatura ambiente, a luminosidade, o ruído devem ser semelhantes nas várias sessões experimentais; a idade dos sujeitos será a mesma ou quase a mesma, às vezes com diferença de dias. Sendo assim, pode-se determinar os verdadeiros efeitos da VI sobre a VD, sem a interferência das variáveis estranhas.

Os resultados obtidos nos experimentos devem estabelecer *relações* entre a VI e a VD. Descoberta uma relação regular entre dois eventos, pode-se ter o controle e a previsão desse comportamento. No exemplo dado anteriormente, a apresentação de água altera o comportamento em relação à sua frequência (número de vezes que ele ocorre). A frequência do comportamento é aumentada devido à apresentação contingente(isto é, imediatamente após a ocorrência do comportamento) de água. Ao contrário, a não apresentação da água produz uma diminuição na frequência do comportamento de pressionar a barra. A frequência do comportamento está diretamente relacionada à apresentação ou não da água imediatamente após o comportamento.

Dessa forma, se a VD se modifica em função das manipulações na VI, pode-se dizer que há uma *relação funcional* entre elas.

A Análise Experimental do Comportamento

Por que as pessoas e os animais se comportam? Por que uns o fazem de forma diferente de outros, às vezes tendo comportamentos mais aceitos em seu meio e outros não?

John B. Watson (1878-1958) propôs o comportamento como objeto de estudo da Psicologia, devendo ser analisado através do método experimental, evitando-se ao máximo a interferência de interpretações subjetivas dos estudiosos.

A maior contribuição do Behaviorismo Watsoniano encontra-se numa proposta objetiva para a análise de comportamentos, usando o método experimental. Essa proposta visava a possibilidade de se prever e controlar os comportamentos, a partir da observação e manipulação de estímulos ambientais apresentados ao organismo e verificação das mudanças que esses estímulos produziriam sobre os comportamentos, chegando-se à formulação de leis. Essa proposta foi chamada, por volta de 1910, de "behaviorismo" (vem da palavra inglesa *"behavior"*, cuja tradução é comportamento). Atualmente, as propostas de Watson têm sido denominadas de *Behaviorismo Metodológico*. O Behaviorismo Radical difere do Behaviorismo Metodológico principalmente no que tange à análise dos comportamentos encobertos ou eventos privados. Skinner defendia o estudo desses eventos e chegou a falar do "mundo sob a pele de cada um". Skinner (1974, p.149) afirma que "quando dizemos que o comportamento é função do ambiente, o termo "ambiente" presumivelmente significa qualquer evento no universo capaz de afetar o organismo. Mas parte do universo está encerrada dentro da própria pele de cada um" (p. 149).

B. F. Skinner (1904-1990) propôs-se a responder as questões acima, e outras mais, relacionando o comportamento aos estímulos do meio ambiente, utilizando o método experimental. Seus estudos, realizados com ratos albinos na caixa de Skinner, colaboraram para a sistematização dos princípios básicos da Análise Experimental do Comportamento. Esses princípios ampliaram a análise da relação entre comportamento – ambiente, proposta por John Watson. A Análise Experimental do Comportamento estabelece *relações funcionais* entre as variáveis comportamentais e as variáveis ambientais que as controlam.

Skinner também adotou a filosofia behaviorista defendida por Watson, mas eles, em vários aspectos, diferem entre si. As propostas filosóficas de Skinner foram denominadas de *Behaviorismo Radical*. O Behaviorismo Radical difere do Behaviorismo Metodológico principalmente no que tange à análise dos comportamentos encobertos ou eventos privados. Skinner defendia o estudo desses eventos e chegou a falar do "mundo sob a pele de cada um". Skinner (1974, p.149) afirma que "quando dizemos que o comportamento é função do ambiente, o termo "ambiente" presumivelmente significa qualquer evento no universo capaz de afetar o organismo. Mas parte do universo está encerrada dentro da própria pele de cada um" (p. 149).

Através do estabelecimento de relações funcionais, chegou-se à conclusão de que os comportamentos dos organismos não são controlados por procedimentos simples, nos quais sempre se identificará uma única resposta relacionada a um único estímulo. Os princípios, ao contrário, se misturam e se complicam. No ambiente natural são inúmeras as variáveis que controlam um determinado comportamento. Este fato é chamado de *causação múltipla*.

Os comportamentos podem ser controlados por muitas variáveis. Um grande número de comportamentos diferentes pode ocorrer em situações diversas ou mesmo semelhantes, em diferentes indivíduos, tornando a análise uma rede intrincada de estímulos antecedentes, respostas e estímulos consequentes. Este nível complexo de análise foi atingido, posteriormente, com o desenvolvimento das pesquisas em Análise Experimental do Comportamento.

Além dessa relação entre o ambiente e o comportamento, não se pode esquecer que há outros fatores que determinam o comportamento. "Os determinantes do comportamento podem ser classificados em duas categorias gerais de eventos que agem sobre o indivíduo: os determinantes biológicos e os ambientais" (Staats e Staats, 1973).

Segundo Staats e Staats (1973, p. 21), tem-se de um lado "a história biológica do indivíduo que pode ainda ser subdividida em participação do indivíduo em uma determinada espécie e sua história biológica pessoal, como os atributos genéticos determinados por seus ascendentes. Ao mesmo tempo, certos determinantes adicionais podem ser encontrados nos eventos ambientais que agem ou tenham agido sobre o indivíduo. As condições ambientais relacionadas com o comportamento começam a agir na situação pré-natal em que a criança começa a viver e continuam durante toda a vida". Estes autores(p. 22) prosseguem afirmando que "algumas disciplinas da ciência do comportamento se preocupam principalmente com a hereditariedade e os determinantes biológicos do comportamento, enquanto outras se interessam, primordialmente, pelos determinantes ambientais.(...) Mas, no presente, é relativamente pouco o que se pode fazer para manipular a hereditariedade ou os eventos biológicos que afetam os comportamentos. Ao tentar lidar com o comportamento que é significativo para a vida quotidiana, ficamos restritos, em grande parte, a trabalhar com as variáveis ambientais. Daí a preocupação com leis que envolvem determinantes ambientais ao invés de biológicos, embora se reconheça que a busca de relações regulares entre os eventos biológicos e comportamentais seja muito importante." No entanto, isso não significa que os fatores biológicos sejam ignorados por uma ciência do comportamento. Quando necessário, certamente se recorrerá a eles para ajudar a explicar comportamentos.

No início, os experimentos realizados restringiam-se a estudar organismos simples – ratos brancos ou pombos –, em situações experimentais simples – uma câmara experimental equipada com uma barra ou um disco –, observando-se respostas simples – pressionar a barra em ratos ou bicar um disco em pombos. Como dado básico para a análise dos comportamentos, Skinner considerou a frequência da resposta (número de vezes que o comportamento ocorre). Estes experimentos tinham e ainda têm como objetivo estudar e selecionar as variáveis relevantes para o controle do comportamento, partindo do simples para o complexo.

Após a realização desses estudos, foi possível conduzir-se estudos com outras espécies de animais, inclusive com seres humanos, tanto em laboratório como no seu ambiente natural. Comprovou-se que as mesmas leis, que determinam os comportamentos de animais ou até mesmo de seres humanos em laboratório, também regem os seus comportamentos nos ambientes em que vivem. A partir dos princípios básicos foi possível fazer estudos para a aplicação prática, em diferentes situações e atendendo a diferentes necessidades.

Os princípios básicos que explicam a aquisição e manutenção de comportamentos foram posteriormente testados com seres humanos e têm se mostrado eficazes na aplicação prática em diversas situações fora do laboratório, como Psicoterapia, Psicologia Escolar, Psicologia Organizacional, Psicologia Preventiva e tantas outras.

A Psicologia e o estudo do comportamento

Definir Psicologia não é uma tarefa simples.

Deve-se ter em mente a existência de um processo histórico da Psicologia enquanto ciência e de que várias abordagens derivaram dos pressupostos metodológicos e filosóficos usados pelos diversos estudiosos.

Patitucci (1977) afirma que "para os professores é um desafio dar de pronto uma resposta simples, direta, exata e satisfatória a essa questão, ainda que essa resposta exista. É que sua tarefa no caso é dupla: caracterizar a Psicologia contemporânea e ao mesmo tempo alterar opiniões já adquiridas pelos estudantes, através de abordagens populares e tradicionais da Psicologia. Em especial, as fontes populares de crenças a respeito da Psicologia são tão frequentes que poderíamos ampliar o dito popular – 'De médico, psicólogo e louco, cada um tem um pouco'."

A Psicologia é uma ciência, uma vez que suas afirmações derivam do uso do método científico.

Tomando-se especialmente como base uma das abordagens da Psicologia – a Análise Experimental do Comportamento –, pode-se dizer que a *Psicologia é a ciência que estuda o comportamento dos organismos vivos, considerando-se tanto os organismos inferiores como os superiores (o Homem), na sua relação com o ambiente.*.

Na verdade, como afirmou Millenson (1975, p. 34), "a história da Ciência do comportamento começa com a classificação naturalística do comportamento feita por Aristóteles". Então, o estudo do comportamento pode ter suas origens na Grécia Antiga, por volta de 325 a.C., não sendo uma ideia nova, apesar de que no decorrer dos tempos, a proposta foi ampliada, desenvolvida, comprovada. Deve-se lembrar que "quase todo contribuinte da ciência compartilhou de algumas superstições da sua época sobre o comportamento que estava pesquisando" (Millenson, 1975, p. 35). O processo histórico, portanto, deve ser levado em conta, sem dúvida, bem como os avanços dos métodos e técnicas usados no estabelecimento de leis, usados por qualquer ciência.

A Psicologia tem como objetivo descobrir leis que expliquem a ocorrência dos comportamentos. Mas antes de começar a discutir os princípios básicos colocados pela Análise Experimental do Comportamento, é preciso discutir um pouco sobre a definição de comportamento.

É necessário que os cientistas concordem sobre uma dada definição para poderem trabalhar com um mesmo objeto de estudo, entendendo seus termos da mesma forma, de modo objetivo.

Não é simples dar uma definição de comportamento. As discussões em torno do assunto são inúmeras. No entanto, temos que partir de algum referencial comum, para podermos nos entender de maneira objetiva.

O comportamento é toda ação observável e mensurável, executada por um organismo vivo.

Segundo Cunha (1975, p. 15), "faz-se necessário uma definição do comportamento que permita a observação clara e precisa por outro observador, a fim de confirmar as definições e as medidas do comportamento em questão (fidedignidade). (....) A partir de uma observação e registros precisos do comportamento, podemos identificar as condições (antecedentes e consequentes) em que ele ocorre e, por conseguinte, manipular as variáveis necessárias para modificar (aumentar, diminuir ou extinguir) a probabilidade da ocorrência de uma resposta".

Segundo Catania (1999, p. 27), "os comportamentos são descritos com verbos: as pessoas andam, falam, pensam, fazem coisas. Mas também fazemos distinção entre ações ativas e passivas. Embora possamos dizer que alguém respira, não diríamos que alguém "bate o coração". As pessoas sangram quando se cortam, mas não falamos de seu sangramento como comportamento."

Deve-se descrever exatamente o que o sujeito está fazendo, ou seja, a ação executada pelo organismo. Além disso, torna-se necessário observar e/ou analisar os comportamentos do sujeito relacionando-os com os estímulos ambientais.

Quando nos referimos ao termo *passível de observação (ou observável)*, estamos falando de fatos visíveis, audíveis, palpáveis, degustáveis, cheiráveis, enfim, perceptíveis pelos órgãos dos sentidos. De modo geral, há predomínio do que é percebido pela visão e audição, visto que são os sentidos mais usados por nós.

Quanto se diz que o comportamento deve ser *passível de medida precisa (ou mensurável)*, isso significa que ele pode ser quantificado. Para isso, são usadas as técnicas de observação e registro de comportamentos, usando medidas precisas. Podem ser citados como exemplos de medidas a frequência da resposta (número de vezes que o comportamento ocorre) ou a duração da resposta (tempo que dura o comportamento), entre outras.

Os comportamentos encobertos

Além dos comportamentos observáveis, há ainda uma categoria de eventos comportamentais que não estão ao alcance de todos, sendo percebidos somente pelo indivíduo no qual ocorrem. Isso significa que são ações executadas por um organismo, porém não são passíveis de observação e mensuração direta. São os chamados *comportamentos encobertos*.

Skinner (1985, p. 149) afirmou que "há uma parte do universo encerrada dentro da própria pele de cada um". Skinner (1982, p. 27) novamente trata dos comportamentos encobertos, afirmando que é um "comportamento executado em escala tão pequena que não é visível aos outros".

Apesar de não serem diretamente observáveis e mensuráveis por um observador externo, os comportamentos encobertos são e devem, obviamente, ser estudados na Psicologia, pela Análise Experimental do Comportamento.

Esses eventos privados são estudados pela Análise Experimental do Comportamento, recorrendo-se aos eventos públicos observáveis que os acompanham. Utiliza-se, portanto, a observação de outros comportamentos observáveis e mensuráveis para se identificar os eventos privados concomitantes.

O relato verbal é um dos comportamentos usados para atingir esse objetivo. É através do falar, escrever ou de expressões faciais, por exemplo, que se pode "indiretamente" observar um comportamento encoberto, como é o caso de raciocinar, resolver problemas, pensar, ler, escutar e outros.

A aprendizagem, aquisição e manutenção dos comportamentos encobertos ocorrem obedecendo às mesmas relações com o meio ambiente em que o indivíduo está ou esteve inserido, como acontece também com os comportamentos observáveis.

Há algumas discordâncias entre o Behaviorismo Metodológico de Watson e o Behaviorismo Radical de Skinner em relação ao estudo dos comportamentos encobertos ou dos eventos privados.

Skinner (1982), discutiu algumas das diferenças existentes entre o Behaviorismo Metodológico e o Behaviorismo Radical. Ele diz(1982, p. 18): "a afirmação de que os behavioristas negam a existência de sentimentos, sensações, ideias e outros traços da vida mental precisa ser bem esclarecida. O behaviorismo metodológico e algumas versões do positivismo lógico excluíam os acontecimentos privados porque não era possível um acordo público acerca de sua validade. (....) O behaviorismo radical, todavia, adota uma linha diferente." A Análise Experimental do Comportamento analisa os comportamentos encobertos do mesmo modo como são analisados os comportamentos observáveis, uma vez que são explicados pelas mesmas leis e princípios.

Muitas das críticas surgidas em relação ao pensamento behaviorista advêm dessa confusão. Watson, assim como "a maioria dos behavioristas metodológicos admitia a existência dos fatos mentais, ao mesmo tempo em que os excluía de consideração" (Skinner, 1982, p. 18). O behaviorismo radical estuda sim os comportamentos encobertos e, como já dito anteriormente, os analisa como qualquer outro comportamento observável. (Para maior aprofundamento a respeito, ver Carrara, 1998).

A definição operacional

O uso preciso dos termos é muito importante no empreendimento científico para que a linguagem não se torne ambígua, gerando diferentes e, talvez, errôneas interpretações.

É preciso ressaltar que a utilização de termos precisos e bem definidos não deve ser apenas uma obrigação dos cientistas. Todos os que fazem uso de uma dada ciência, devem também fazer uso de seus termos, de modo claro e preciso e sabendo quais as definições dadas a esses termos, principalmente, quando nos referimos à terminologia técnica de uma área científica. Essa também deve ser a postura de psicólogos, seja qual for a abordagem psicológica que sigam, mas que o façam do modo mais científico possível.

"Em Psicologia, a preocupação com a terminologia está presente em todos os estágios, mas principalmente quando parece haver um afastamento dos eventos diretamente observáveis", de acordo com Staats e Staats (1973, p. 13).

O que dizer, então, de descrições que estamos habituados a fazer em nosso cotidiano, tais como, "ele está ansioso", "o aluno participa da aula", "ela está deprimida"? Todos nós entenderíamos esses termos da mesma forma, sendo capaz de dizer (ou descrever) exatamente o que esses indivíduos estão fazendo?

Esses termos (como por exemplo "estar ansioso", "participar da aula", "estar deprimido") devem ser considerados meramente como *rótulos taquigráficos* (ou denominações) para classes ou conjuntos de *comportamentos diretamente observáveis* (Staats e Staats, 1973). Esses termos não esclarecem o que o sujeito está fazendo, ou seja, quais são os comportamentos envolvidos. É necessário enumerar quais comportamentos fazem parte de uma categoria e citar as situações nas quais esses comportamentos ocorrem ou ocorrerão (os chamados *estímulos antecedentes*).

O objetivo é evitar as interpretações subjetivas e pessoais de cada um, quando se utilizam esses termos essencialmente subjetivos. Para tanto, utiliza-se a definição operacional de comportamentos.

A *definição operacional* é elaborada classificando-se comportamentos em uma dada categoria e especificando-se também as situações nas quais eles ocorrem, ou seja, os estímulos antecedentes.

Os psicólogos constataram que a definição operacional de um termo é útil porque padroniza o uso desses termos em uma situação.

Segundo McGuigan (1976), as *funções principais* de uma definição operacional de comportamentos são:

1. Estabelecer e permitir a reprodução do fenômeno comportamental em investigação, para outros estudiosos também interessados nesse mesmo fenômeno.

2. Permitir uma comunicação mútua e padronizada, de forma não ambígua, entre os membros de uma comunidade científica.

Quando se faz uma definição operacional de um comportamento deve-se usar uma *linguagem científica*, o que significa uma linguagem objetiva, clara, exata e afirmativa; deve-se fazer uma definição explícita e completa; empregar elementos que lhe sejam pertinentes e dar-lhe uma denominação apropriada, que prontamente lembre o que se deseja designar. Além disso, deve-se especificar a(s) situação(s) nas quais esse(s) comportamento(s) ocorre(m) ou deverão ocorrer, isto é, especificar os estímulos antecedentes (Fagundes, 2015).

As definições operacionais não são explicações para os fenômenos; elas apenas descrevem os comportamentos observáveis envolvidos e as situações nas quais ocorrem. As explicações serão dadas depois pelas relações funcionais estabelecidas entre as variáveis ambientais e as variáveis comportamentais. Vejamos dois exemplos de definições operacionais:

1. *Participar da aula:* estando em situação de aula expositiva, em presença do professor, o aluno deverá apresentar os seguintes comportamentos:
   - olhar em direção ao professor enquanto este fala e/ou se movimenta;
   - fazer anotações no caderno sobre o conteúdo explanado pelo professor;
   - responder às perguntas feitas pelo professor, durante a explanação;
   - fazer perguntas relacionadas ao assunto explanado;
   - dar exemplos relacionados ao assunto explanado; e
   - executar prontamente uma solicitação do professor quando este propõe uma atividade, tal como ler um texto, responder questões por escrito.

2. *Apego:* estando presentes em qualquer situação o par mãe-filho(a), a criança:
   - sobe no colo da mãe;
   - mexe nas roupas da mãe;
   - segue a mãe;
   - volta o rosto em direção à mãe;
   - chora ante o afastamento da mãe; e
   - sorri ante a aproximação da mãe.

Como se pode notar, os termos *"participar da aula"* e *"apego"* são simplesmente *rótulos taquigráficos* (ou seja, as denominações) para designar um conjunto de comportamentos. Atribuir tais rótulos a um conjunto de respostas é válido porque classifica muitos comportamentos diferentes em uma única categoria, que pode ser empregada na comunicação entre estudiosos que seguem essa mesma convenção. Sem definir claramente esses termos, a comunicação pode ficar prejudicada e pode envolver interpretações pessoais e subjetivas.

Lendo mais atentamente as definições operacionais de "*participar da aula*" e "*apego*", verifica-se que há referência também às situações (estímulos antecedentes) frente às quais pode-se observar a ocorrência dos comportamentos incluídos nas categorias. Muitas vezes, se a situação mudar, pode haver uma mudança no conjunto de comportamentos da categoria envolvida.

Num outro exemplo, uma mãe pode dizer "Meu filho faz birra o tempo todo! Não aguento mais". Todas as pessoas entenderiam "fazer birra" da mesma forma? Ou por exemplo, um terapeuta compreenderia de imediato o que essa mãe quis dizer que seu filho faz? Pergunte a dois ou três colegas o que eles acham que é "fazer birra". Você verificará que há diferenças na compreensão dessa expressão.

Então, a primeira pergunta é "o que é fazer birra?". Em outras palavras, tecnicamente, isso significa *quais comportamentos compõem o rótulo taquigráfico "fazer birra"?* Nesse momento, estamos precisando fazer uma definição operacional de "*fazer birra*".

Outra dúvida que permanece é em que situação ou situações esse "fazer birra" ocorre? Ou seja, tecnicamente, *quais os estímulos antecedentes* a esse conjunto de comportamentos?

Faz diferença se a mencionada criança só "faz birra" na presença de sua mãe? Ou se ocorre na escola também? Claro que faz e, possivelmente, a análise posterior desses comportamentos também poderá ser diferente...

Vamos tentar fazer uma definição operacional de "fazer birra". Como não há um sujeito específico para ser seu referencial, pense em três comportamentos quaisquer que você consideraria como "fazer birra" e numa situação em que esses comportamentos ocorrem:

Situação em que os comportamentos ocorrem:

1.____

2.____

3.____

Atente para uma coisa: verifique se você de fato colocou comportamentos! As ações devem ser executadas pelo organismo, sendo observáveis e mensuráveis. Lembra-se? Veja se você não utilizou termos na negativa. Por exemplo, poder-se-ia dizer que a criança *não fica quieta* e *não obedece à mãe*. Aparentemente, isso parece ser uma definição operacional, ainda que faltando os estímulos antecedentes. No entanto, ela usa termos na *negativa*, o que não especifica *o que de fato a criança faz*, qual a ação que ela executa. Lembre-se que a descrição deve ser feita de modo *afirmativo*, listando comportamentos efetivamente *executados e observáveis.*

Discuta sua definição operacional com mais um ou dois colegas para ver se vocês entenderam. Em caso de dúvida, releia o item "*A definição operacional*" novamente.

Vejamos como poderia ser um *exemplo* da definição operacional de "fazer birra". Imaginemos que o terapeuta conversando com a mãe ou fazendo observações do "fazer birra", conclui que a mãe, quer, *operacionalmente*, dizer:

Em presença da mãe ou do pai, em casa, na hora das refeições ou quando o pai e/ou a mãe conversam com outras pessoas (*estas seriam as situações em que os comportamentos ocorrem)*, a criança:

- chora;
- grita;
- bate com a cabeça no chão;
- joga qualquer objeto próximo a ela no chão; e
- bate no pai e/ou mãe.

Esses podem ser alguns dos comportamentos envolvidos, sendo que citamos cinco como exemplo. Com esta definição operacional de "*fazer birra*", tudo fica muito mais claro e tanto o terapeuta como outras pessoas podem compreender o termo da mesma forma, tanto no que se refere aos comportamentos envolvidos quanto em relação às situações nas quais ocorrem.

A partir dessa compreensão do termo pode-se iniciar uma análise desses comportamentos nessa situação. Verifique que a definição operacional dada *não explica* esses comportamentos, nem propõe meios de eliminá-los, se fosse o caso. Isso constitui uma fase posterior na investigação.

Além disso, uma definição operacional *não necessariamente envolve todos os comportamentos que caberiam no conjunto.* Ela é arbitrária, preenchendo somente as necessidades daquele observador, numa dada situação, para um ou mais sujeitos. É o caso do "fazer birra", que permitiria uma extensa lista de comportamentos. No entanto, o rol de comportamentos ficou restrito aos que ocorrem naquela situação especificada, em relação àquele sujeito, para que se possa explicá-los e alterá-los posteriormente, se houver necessidade e interesse nisso.

Veja isso na definição de "apego" dada. Este é um tema relativamente recente de pesquisa e muitos estudos de observação têm sido realizados para o levantamento dos comportamentos de apego, em diferentes situações, por exemplo, com a mãe presente ou em situação de separação breve ou permanente entre mãe e criança. Numa fase posterior, quando a maioria desses comportamentos estiver catalogada, pode-se proceder a manipulações experimentais, quando possível, com todos, a maioria ou alguns desses comportamentos, dependendo dos objetivos de cada pesquisa.

Portanto, ao utilizar um termo ou expressão, verifique se eles causam confusão de compreensão entre aqueles que forem lidar com eles. Se as perguntas "*o que quer dizer?*", "*onde?*", "*como?*", ainda puderem ser colocadas, então há a necessidade de se definir operacionalmente o termo ou expressão. Lembre-se da importância de especificar os estímulos antecedentes, frente aos quais os comportamentos ocorrem ou deverão ocorrer.

A colocação de objetivos educacionais, por exemplo, tem se deparado frequentemente com o problema das definições operacionais. "O aluno deve *ter um entendimento amplo da situação política do país*"; o aluno deve ser capaz de *respeitar regras de convivência*" ou "o aluno deve *desenvolver o senso crítico*". O que essas expressões significam? Todos os professores desses alunos sabem exatamente o que os alunos farão de modo a se poder dizer que eles "têm o senso crítico", por exemplo? Que comportamentos o aluno deve emitir, em que situação especificada pelo professor? Só assim esse aluno poderá, posteriormente, ter o seu desempenho avaliado.

"Desenvolver o senso crítico", "respeitar regras de convivência" são meros "rótulos taquigráficos" para um extenso conjunto de comportamentos específicos. Se esses rótulos forem definidos claramente, especificando-se as situações nas quais devem ocorrer, para que faixa etária etc, ficará mais fácil para o professor ensiná-los, planejando condições para isso, e verificar se foram assimilados ou não; podendo fazer uma avaliação mais objetiva e justa de cada aluno.

Agora defina a expressão "ser prestativo". Descreva uma situação em que esses comportamentos ocorrem e, a seguir, especifique três comportamentos que você considera como fazendo parte desse rótulo taquigráfico. Observe que pedimos somente três comportamentos a título de exercício. Uma definição operacional pode ser composta por tantos comportamentos forem necessários.

Se você tiver oportunidade de comparar a sua definição com a de outra pessoa que também a tenha feito, poderá verificar que os comportamentos e as situações que colocaram podem ser diferentes, o que não invalida nem uma nem outra, mas somente reforça a afirmação de que uma definição operacional não é sempre composta pelos mesmos comportamentos e pelas mesmas situações.

QUESTÕES DE ESTUDO

1. Como se define ciência? Quais os seus principais objetivos?
2. O que afirma o pressuposto do *determinismo*?
3. Defina: variável independente, variável dependente e variáveis estranhas.
4. Na Análise Experimental do Comportamento, a que se referem a VI e a VD?
5. O fato de alterações feitas na VI modificarem a VD, é denominado _________.
6. Por que as variáveis estranhas devem ser mantidas constantes em uma dada experimentação?
7. Quais as propostas do Behaviorismo Watsoniano, atualmente denominado de *Behaviorismo Metodológico*?
8. A Análise Experimental do Comportamento (AEC) estabelece relações funcionais entre que tipos de variáveis?
9. Como podem ser chamadas as propostas filosóficas de Skinner? Qual é uma diferença entre o Behaviorismo Radical e o Behaviorismo Metodológico?
10. O que significa *causação múltipla*?
11. Segundo Staats e Staats (1973), quais as duas classes gerais de eventos determinantes do comportamento? Diga qual delas a AEC enfatiza em seus estudos.
12. Como pode ser definida a *Psicologia*, sob o ponto de vista da Análise Experimental do Comportamento?

14\. Como pode ser definido *comportamento*, segundo a Análise Experimental do Comportamento?

13\. O que significa o termo *ser passível de observação* ou *observável*?

14\. O que significa o termo *ser passível de medida precisa* ou *mensurável*?

15\. O que são *comportamentos encobertos*?

16. Como os comportamentos encobertos são estudados se eles não são diretamente observáveis e mensuráveis?

17. Quais as posições do Behaviorismo Metodológico e do Behaviorismo Radical em relação ao estudo dos comportamentos encobertos (ou eventos privados).

18. Como a definição operacional de comportamentos é elaborada?

19. Quais as funções principais de uma definição operacional de comportamentos?

20. As definições operacionais explicam os comportamentos? Justifique sua resposta.

21. Na definição operacional de "apego", dada no texto, identifique *a situação (estímulos antecedentes)* e os *comportamentos* dados para essa categoria.

22. Uma definição operacional envolve uma lista completa de todos os comportamentos possíveis de serem incluídos na categoria? Explique sua resposta.

23. Não se esqueça de fazer a definição operacional de "*ser prestativo*", pedida no texto.

2

CONDICIONAMENTO RESPONDENTE

1ª PARTE

A Psicologia é a ciência que estuda o comportamento dos organismos. Um comportamento deve ser estudado em relação ao meio ambiente no qual ocorre. Assim, tudo indica que o *ambiente* influencia o comportamento que exibimos a cada momento. Porém, dizer que o ambiente interfere no comportamento é uma afirmação ampla e vaga demais. Assim como foi necessário definir *comportamento*, faz-se necessário esclarecer o que se entende por *ambiente*.

O *ambiente* pode ser definido como sendo um conjunto de estímulos. *Estímulo* (abreviação: S) é definido como uma alteração detectável no meio em que o organismo está inserido. Então, por exemplo, o aumento de temperatura no ambiente é uma energia física, captada pelos receptores sensoriais do organismo, que determina o aparecimento do comportamento (ou resposta – abreviação: R) de suar. Um outro exemplo pode ser: você aperta um interruptor de luz e a luz acende.

No primeiro exemplo, o aumento de temperatura é o *estímulo* e a ação de suar é o *comportamento* ou *resposta*; no segundo exemplo, a ação de ______________________ é o *comportamento* e o *estímulo* é ______________________________.

Perceba que estes comportamentos ou respostas são de natureza diferente. Considerando-se a totalidade das atividades humanas, torna-se necessário distinguir entre duas categorias de comportamentos: *comportamentos respondentes* e *comportamentos operantes*. Para efeitos didáticos, é interessante o entendimento separadamente de ambas as categorias.

Para discriminar entre comportamentos operantes e comportamentos respondentes, é preciso conhecer as características peculiares de cada um deles. Deve-se, no entanto, salientar que, mais recentemente, os estudiosos do comportamento relutam em aceitar esta divisão entre os diferentes comportamentos. Para efeito de melhor compreensão, neste momento inicial, manteremos tal divisão, dentro das devidas proporções que a discussão assume.

Os comportamentos operantes

A regularidade demonstrada nos fenômenos ilustra a existência de um tipo de ordem (relação) encontrada entre o comportamento (resposta) e o meio ambiente (estímulos). Skinner denominou de *comportamentos operantes* aqueles anteriormente chamados de *comportamentos instrumentais*, denominação dada por Thorndike. O termo *comportamento operante* é a denominação técnica usada atualmente.

Chamar o comportamento de *operante* sugere que, operando no meio ambiente, o comportamento é instrumento na obtenção de estímulos consequentes, ou seja, estímulos que ocorrem logo após os comportamentos. Os estímulos consequentes, relacionados a tal comportamento, são seus determinantes importantes, alterando a probabilidade futura da emissão desse comportamento. Isso significa que o comportamento pode aumentar ou diminuir de frequência no futuro, em função desses estímulos consequentes.

O comportamento de abrir uma torneira pode ter como estímulo consequente a obtenção (ou apresentação) de água. O comportamento de vestir uma capa de chuva pode ter como estímulo consequente evitar ser molhado pela chuva.

Os comportamentos operantes são *emitidos* e estão relacionados aos estímulos consequentes obtidos no passado.

Ainda que alguns estímulos ambientais ocorram anteriormente à emissão das respostas (estímulos antecedentes), *sinalizando* possíveis estímulos consequentes para essa resposta e interferindo na probabilidade de ocorrência do comportamento, o organismo *pode ou não responder daquela ou de outra forma*. Assim, os comportamentos operantes são *voluntários* (envolvem escolha ou decisão).

Além disso, essa categoria de comportamentos é *aprendida*, adquirida, na relação que o organismo mantém com seu meio ambiente.

Outra característica dos comportamentos operantes é que, na medida em que são aprendidos, serão *diferentes para cada um dos membros de uma dada espécie*, dependendo da história de aprendizagem de cada organismo.

Voltando aos exemplos:

1. Estando *escuro* (estímulo antecedente), você pode ou não *apertar o interruptor de luz* (comportamento).

   Caso você o faça, a luz se acenderá (estímulo consequente).

   Esta resposta – *apertar o interruptor de luz* – é *operante*.

2. Se *começa a chover* (estímulo antecedente), você pode *vestir sua capa de chuva*.

   Caso você o faça, *evitará ficar molhado* (estímulo consequente).

   Esta resposta – *vestir a capa de chuva* – é *operante*.

Um estudo mais detalhado dos comportamentos operantes, e como ocorre o controle pelos estímulos antecedentes e consequentes a eles, será nosso objeto de estudo posteriormente.

Os comportamentos reflexos ou comportamentos respondentes

O comportamento respondente ou comportamento reflexo é um tipo de resposta específica que ocorre frente a um estímulo específico. O *comportamento respondente ou comportamento reflexo* é determinado por um estímulo antecedente a ele. Uma vez que o estímulo apareça, a resposta reflexa ocorrerá. Tecnicamente, dizemos que o estímulo *elicia* (provoca) a resposta ou comportamento respondente.

Portanto, diz-se que os comportamentos respondentes são *eliciados* pelos estímulos que os antecedem.

Todas as respostas respondentes são *involuntárias,* isto é, não há controle de nossa vontade sobre a sua emissão ou aparecimento. Isso significa que *o ambiente altera o organismo* em questão.

Além disso, pode-se notar que *todos os membros de uma dada espécie* apresentam os mesmos comportamentos respondentes, uma vez que estes são *herdados,* ou seja, não aprendidos.

Vejamos alguns exemplos de comportamentos respondentes e a sua relação com os estímulos antecedentes (estímulos eliciadores):

1. Um indivíduo começa a suar, quando a temperatura ambiente está elevada.

2. A pupila do olho se contrai quando uma luz incide sobre ela.

3. Quando se coloca comida na boca, ocorre a salivação.

4. Um barulho alto e súbito provoca empalidecimento no indivíduo.

5. Um objeto na traqueia elicia a tosse.

6. Um dedo no esôfago provoca vômitos.

7. Um choque elétrico provoca tremer e ter taquicardia.

8. Uma rajada de ventos frios, faz o indivíduo arrepiar-se.

9. A perna se distende quando uma pancada de certa intensidade atingir o tendão patelar.

Podemos transformar todos estes exemplos em relações regulares entre estímulos e respostas. Para visualizar melhor o que ocorre, complete o quadro, baseando-se nos exemplos dados anteriormente.

Exemplo	*Estímulo*	*Resposta*
1	Presença de temperatura alta	Suar
2	Presença de luz sobre a pupila	Contrair a pupila
3	Presença de comida na boca	Salivar
4	Presença de barulho alto e súbito	
5		
6		
7		
8		
9		

Confira agora suas respostas:

4. Empalidecer
5. Presença de um objeto na traqueia – tossir
6. Presença de dedo no esôfago – vomitar
7. Presença de um choque elétrico – tremer e ter taquicardia
8. Presença de uma rajada de ventos frios – arrepiar-se.
9. Presença de uma pancada no tendão patelar – distender a perna

Resumindo as características dos comportamentos operantes e respondentes, tem-se:

Comportamentos operantes	*Comportamentos respondentes*
São controlados pelos estímulos consequentes	São controlados pelos estímulos antecedentes
São emitidos	São eliciados
São voluntários	São involuntários
São aprendidos	São herdados
São diferentes para cada membro da espécie	São comuns a todos os membros de uma espécie

Os comportamentos respondentes e os reflexos incondicionados

Existe uma *relação fixa e invariável* entre o estímulo eliciador e a resposta eliciada a qual é chamada de *reflexo* (diante de um dado estímulo, será eliciada a mesma resposta).

O estímulo que elicia um mesmo comportamento respondente em todos os membros de uma dada espécie é chamado de *estímulo incondicionado* (SI) e a resposta que ele elicia é chamada de *resposta incondicionada* (RI).

A relação fixa e invariável entre o estímulo incondicionado que elicia uma resposta incondicionada é chamada de reflexo incondicionado.

O termo *incondicionado* significa *não condicionado*, não necessitando de associações anteriores entre o estímulo e a resposta envolvida, a fim de que a resposta ocorra. A relação já está estabelecida geneticamente. O estímulo responsável pela resposta é, neste caso, tão somente o estímulo antecedente, ou seja, especificamente, o estímulo incondicionado. Então, na presença do estímulo específico, a resposta específica ocorre, isto é, é eliciada por esse estímulo. Além disso, não existem estímulos consequentes porque esses não alteram o comportamento em questão, uma vez que é um comportamento respondente.

O paradigma, a seguir, representa graficamente o *Reflexo Incondicionado*:

$$SI \rightarrow RI$$

Este paradigma deve ser lido da seguinte maneira: o estímulo incondicionado *elicia* a resposta incondicionada. (*elicia* é indicado pela flecha).

Retome o quadro dado anteriormente e observe que todos os exemplos que lá constam referem-se a reflexos incondicionados, nos quais os estímulos incondicionados eliciam as respostas incondicionadas.

Vale ressaltar que o reflexo incondicionado não se refere *só ao SI* e nem *só a RI*, mas sim, a relação em que *SI elicia RI*.

Leis do reflexo

A relação fixa e invariável entre o estímulo incondicionado que elicia uma resposta incondicionada, ou seja, o *reflexo incondicionado*, obedece a leis de funcionamento. Há três leis do reflexo: a lei do limiar, a lei da magnitude e a lei da latência (Millenson, 1975).

Pensemos num exemplo para o qual, hipoteticamente, daremos medidas concretas. Uma pessoa (A) pode começar a salivar com apenas uma gota de limão em contato com as papilas salivares em sua língua. Outra pessoa (B) pode precisar de três gotas de limão em contato com suas papilas salivares para o início da salivação. Analisaremos este fato à luz das leis do reflexo.

Lei do limiar: Para que um estímulo possa eliciar uma resposta, ele deverá ter uma certa intensidade liminal.

A *intensidade liminal* ou o *limiar* refere-se à intensidade suficiente que o estímulo precisa ter para eliciar uma dada resposta.

Exemplo: O limiar necessário à pessoa A para eliciar a salivação é de uma gota, sendo, portanto, menor que o limiar relativo à pessoa B, a qual necessita três gotas de limão para que a resposta seja eliciada. Portanto, uma resposta reflexa somente será eliciada quando o estímulo atingir a intensidade liminal, e este limiar pode variar de organismo para organismo.

Lei da magnitude: À medida que a *intensidade* de um estímulo aumenta, a *magnitude da resposta* também aumenta, até um certo limite.

Exemplo: À medida que se aumenta o número de gotas de limão em contato com a língua, a magnitude da resposta também aumenta, isto é, a quantidade de saliva é cada vez maior, logicamente até um certo limite fisiológico.

Lei da latência: Aumentando-se a intensidade de um estímulo, ocorre uma diminuição na *latência da resposta.*

A *latência* é o período de tempo entre o aparecimento do estímulo e o começo da resposta.

Exemplo: Com uma dada intensidade do estímulo – presença de gotas de limão –, a resposta de salivar começa a ocorrer dentro de um tempo, mesmo que esse tempo seja bastante pequeno. Pode-se, *somente a título de ilustração*, dizer que a resposta de salivar começa a ocorrer dois segundos após o contato com uma gota de limão. Portanto, o período de latência desta resposta frente a este estímulo é de 2 segundos.

Se a intensidade do estímulo for aumentada para três gotas de sumo de limão, a resposta pode ocorrer após um segundo, havendo, portanto, uma diminuição na latência da resposta, a qual seria igual a um segundo, neste exemplo hipotético.

Resumindo

a. Um estímulo somente elicia uma resposta se a sua intensidade estiver igual ou acima de um valor – limiar; e

b. A resposta não é igual em todas as vezes que ocorre, podendo variar em magnitude e podendo variar a sua latência, dependendo da intensidade do estímulo dado.

Qual é a utilidade dos reflexos incondicionados?

Parece óbvio que se fosse necessário a um organismo aprender a sugar (no caso de mamíferos) para se alimentar, ele poderia morrer antes que a aprendizagem ocorresse. Nota-se, então, que a maior parte dos comportamentos respondentes são estritamente ligados à *sobrevivência do organismo*.

Resta saber o que acontece com os comportamentos respondentes no decorrer do desenvolvimento do organismo.

Alguns comportamentos respondentes desaparecem a partir de um certo momento do seu crescimento. Por exemplo, o *reflexo palmar* (a palma da mão de um recém-nascido, quando estimulada, faz com que ele a feche imediatamente), a partir de um certo momento do desenvolvimento, desaparece.

Algumas respostas reflexas permanecem até a morte do organismo, como por exemplo, o reflexo pupilar.

Finalmente, uma parte das respostas reflexas (as respostas incondicionadas) podem vir a se transformar em respostas condicionadas, o que será assunto da segunda parte deste texto.

QUESTÕES DE ESTUDO

1. Defina *ambiente* e *estímulo*.

2. O comportamento pode ser classificado em duas categorias gerais. Quais são elas e cite as características de cada uma das categorias.

3. Para cada uma das frases dadas a seguir, classifique os comportamentos identificados como operantes ou respondentes e justifique cada um, usando os devidos termos técnicos.

   a. Na presença do guichê do cinema, Rogério entrega o dinheiro à moça do guichê e recebe uma entrada de cinema.

   b. Diante do seu número de chamada dito em voz alta pelo professor, você diz "Presente" e a presença lhe é dada.

   c. A cozinheira lacrimeja, diante do contato com o sumo da cebola.

   d. É a poeira entrar no nariz e a faxineira espirra.

   e. Diante do farol vermelho, o motorista passa com seu carro e recebe uma multa.

   f. Diante do seu número de chamada dito em voz alta pelo professor, a aluna começa a tremer e a transpirar.

   g. Sempre que alguém pergunta sobre seu casamento, Andreia fala de outro assunto, evitando conversas sobre seu casamento.

4. Defina *reflexo incondicionado*, usando os devidos termos técnicos.

5. Descreva o significado de cada um dos termos do paradigma abaixo:

$$SI \rightarrow RI$$

6. Coloque os exemplos dados no quadro da página 42 sob a forma de paradigma do reflexo incondicionado.

7. Enuncie cada uma das três *leis do reflexo*, usando os devidos termos técnicos.

8. O que é *intensidade liminal*?

9. O que é *latência*?

10. Qual a utilidade dos reflexos incondicionados?

3

CONDICIONAMENTO RESPONDENTE

2ª PARTE

O Reflexo Condicionado

Por volta de 1903, Ivan Pavlov[2], fisiologista russo, estudando a digestão em cães, fez algumas descobertas que revolucionaram o campo da Psicologia.

A partir de estudos anteriores, sabia-se que a resposta de salivar era um tipo de resposta incondicionada (nome este dado posteriormente pelo próprio Pavlov), que ocorre regularmente em animais e no homem, quando se colocam alimentos ou certos ácidos diluídos na boca.

No entanto, em suas experiências, Pavlov observou que o cão passou a salivar também quando a comida ainda não tinha chegado à boca: o cão salivava quando o *homem*, que habitualmente lhe trazia a comida, entrava na sala (mesmo que este não estivesse com a comida na mão).

Para Pavlov, esta observação levantava um importante problema a ser pesquisado. Qual seria o processo que tornaria o estímulo – presença do homem que alimentava o cão – capaz de eliciar a resposta de salivar no cachorro?

Certamente não se tratava de um reflexo incondicionado, uma relação fixa e invariável entre o estímulo e a resposta típica de todos os cães. Pelo contrário, parecia óbvio que o efeito desta estimulação pré-alimentar só pudesse ser entendido em termos da experiência individual de aprendizagem daquele cão.

[2] Ivan Petrovich Pavlov, nasceu aos 14/set/1849, em Ryazan, próximo a Moscou e morreu, aos 87 anos, em Leningrado, aos 27/fev/1936. Primogênito de 11 filhos de um pároco de aldeia (os padres ortodoxos se casam) muito teve que lutar para se tornar médico, e dedicar-se a pesquisas em fisiologia, que tiveram grande repercussão mundial. Foi o primeiro russo a receber o Prêmio Nobel, em 1904, na área de Medicina e Fisiologia, por seu trabalho "Lições sobre o funcionamento das principais glândulas digestivas". Nos últimos anos de vida incursionou na área de Psiquiatria, a partir de seus estudos de reflexos condicionados. É considerado um dos fundadores da Psifisiologia e da Psicologia Experimental.

De algum modo, um estímulo antes ineficaz para eliciar a resposta de salivar devia ter adquirido uma nova significação para o animal. Dessa forma, o estímulo "presença do homem que alimentava o cão" passava também a eliciar essa mesma resposta de salivar. Esta questão levou Pavlov a desenvolver um procedimento experimental para estudar a aquisição de novas relações estímulo – resposta e propor uma terminologia completa para denominar os estímulos e respostas empregados neste novo procedimento.

Este método pode ser esquematizado da seguinte maneira:

A. Coloca-se um cão, portador de uma fístula salivar[3] em sala especial, onde não cheguem estímulos externos (sons, estímulos visuais etc) que possam interferir no procedimento experimental (é o controle das variáveis estranhas).

Um tubo, preso na abertura da fístula, recolhe e leva a saliva para um frasco calibrado que se encontra numa sala adjacente. Nesta sala adjacente está o experimentador que, sem ser visto pelo animal, pode observar seu sujeito experimental, dar-lhe comida e medir a quantidade de saliva secretada.

B. Num experimento típico, toca-se várias vezes uma campainha. Verifica-se, neste momento, que o cão *não saliva*, em resposta ao som da campainha.

A presença do som da campainha, portanto, é denominada nesta fase *estímulo neutro* (SN) para a resposta de salivar. Ele é um estímulo neutro, uma vez que *não é capaz de eliciar* a resposta incondicionada de salivar, no cão.

C. Dá-se ao cão uma pequena quantidade de comida em pó. A presença do pó de carne na boca do cão é um *estímulo incondicionado* (SI) que elicia imediatamente uma *resposta incondicionada* (RI), no caso, salivar.

$$SI \rightarrow RI$$

Presença de pó de carne na boca — Salivar

D. Começa-se a apresentar, simultaneamente ou imediatamente antes da comida, o som da campainha (estímulo neutro).

Os dois estímulos (presença de pó de carne na boca e presença do som da campainha) são apresentados associados várias vezes.

---

[3] Fistula salivar: conduto estreito, provocado cirurgicamente, comunicando as secreções salivares com o exterio

O propósito deste pareamento é fazer com que, entre o som e o alimento, se forme uma associação, ou seja, que o cão aprenda que o som da campainha se relaciona com a comida.

E. Após várias repetições, a presença do som da campainha, estímulo originalmente ineficaz para eliciar a resposta de salivar na ausência da comida (estímulo neutro), é apresentado *sozinho*.

Verifica-se, então, que o som da campainha *por si só* passa a produzir a resposta de salivar (do mesmo modo como a presença do homem que alimentava o cão também passou a eliciar a resposta de salivar...).

Pavlov denominou a presença do som da campainha, agora capaz de eliciar a resposta de salivar, de *estímulo condicionado* (SC). Essa denominação foi dada porque este estímulo era capaz de eliciar a resposta de salivar, *somente se*, antes, tivesse havido uma "determinada condição": o pareamento ou associação prévia entre a comida e o som.

A resposta do organismo a um estímulo condicionado (salivar apenas quando o som está presente), por analogia, é denominada *resposta condicionada* (RC).

G. Denominou-se *condicionamento respondente* (ou ainda chamado como Condicionamento Clássico ou Pavloviano) ao *procedimento* de se associar repetidas vezes o estímulo neutro (SN) ao estímulo incondicionado (SI), o qual elicia a resposta incondicionada (RI). Após várias associações, o estímulo neutro torna-se um estímulo condicionado (SC), capaz de, sozinho, eliciar a resposta agora denominada de resposta condicionada (RC).

O paradigma do condicionamento respondente pode ser útil para visualizar todo esse processo:

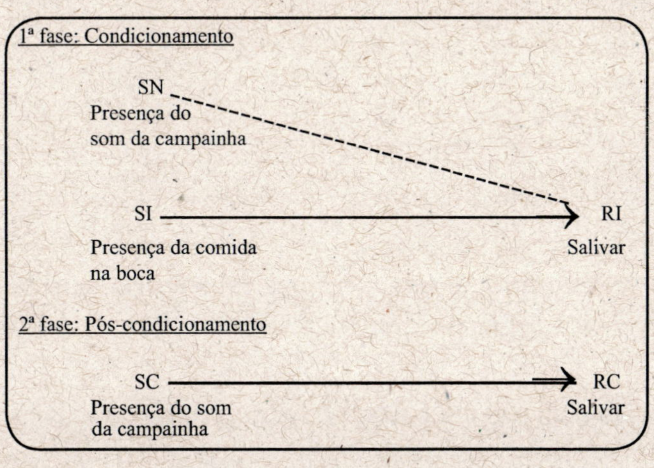

(A linha tracejada em diagonal indica o *pareamento* ou *processo de condicionamento.*)

Note que neste paradigma consideram-se duas fases. A primeira refere-se ao procedimento de condicionamento – o pareamento de um estímulo neutro com um estímulo incondicionado, o qual elicia uma resposta incondicionada. Esse pareamento é feito a fim de que o estímulo neutro comece a produzir os mesmos efeitos do estímulo incondicionado.

A segunda fase é o resultado do condicionamento (pós-condicionamento). Nesta fase está representado o novo reflexo. Este reflexo é um *Reflexo Condicionado*, que significa a relação entre o *estímulo condicionado* (SC) que elicia a *resposta condicionada* (RC). A resposta condicionada (salivar), do ponto de vista fisiológico, é quase a mesma do reflexo incondicionado, podendo variar em magnitude e latência, por exemplo.

A linha tracejada que vai do estímulo neutro à resposta incondicionada indica que este estímulo está adquirindo a propriedade de eliciar esta resposta, representando, portanto, o *processo de condicionamento* (associação entre estímulos).

O paradigma do *Reflexo Condicionado* é o seguinte:

SC ⟶ RC

Note que o paradigma do *Reflexo Incondicionado* é somente:

SI ⟶ RI

Pode-se dizer que o processo de condicionamento respondente é um forma de aprendizagem que desempenha papel importante para o ser humano. Especialmente na primeira infância, parte da aprendizagem realiza-se conforme este princípio de condicionamento.

Considere o exemplo: quando a criança coloca pela primeira vez um pedaço de chocolate na boca, segue-se uma secreção de saliva. A presença do chocolate na boca é um *estímulo incondicionado*, e salivar é uma *resposta incondicionada*.

A presença da palavra "chocolate" é para a criança, inicialmente, um *estímulo neutro*, porque não elicia a secreção de saliva ao ser ouvida pela primeira vez. Só depois de vários pareamentos simultâneos do chocolate na boca com a palavra "chocolate" é que se forma uma associação e a presença da palavra torna-se para a criança um *estímulo condicionado* que eliciará a resposta de salivar, agora denominada de *resposta condicionada*.

Resta mencionar ainda que grande parte dos comportamentos emotivos (comportamentos de medo, por exemplo) pode ser adquirida através de condicionamento respondente. O pareamento contínuo de objetos ou eventos aversivos com estímulos neutros pode resultar em "respostas de medo" a estes estímulos novos, que inicialmente não eliciavam as respostas.

Nos estados emocionais, muitas respostas reflexas são eliciadas por um ou mais estímulos (doloroso, aversivo, etc). Trata-se de um conjunto de respostas que, geralmente, ocorrem ao mesmo tempo, quando o organismo se depara com o estímulo que elicia medo. Entre estes comportamentos respondentes, os que ocorrem com frequência são: chorar, suar, empalidecer, contrair os vasos sanguíneos, arrepiar-se, tremer, aumentar os batimentos cardíacos (ou ter taquicardia), mudar o ritmo respiratório etc. Estas respostas (ou algumas delas) poderiam ser consideradas como fazendo parte da *definição operacional* de "*ter medo*", especificando-se, é claro, os estímulos antecedentes (neste caso, ou os estímulos incondicionados ou os estímulos condicionados).

Uma vez que a resposta condicionada ocorra, pode-se prever sua persistência enquanto o estímulo condicionado for, *pelo menos de vez em quando, associado ao estímulo incondicionado. Se o estímulo condicionado for apresentado sozinho, reiteradamente*, a resposta condicionada poderá diminuir de frequência. Dessa maneira, o estímulo condicionado, devido a não ser mais associado ao estímulo incondicionado, vai *perdendo a propriedade de eliciar sozinho a resposta condicionada*, até que não mais a elicie.

- ***Resposta (R)***: é sinônimo de *comportamento*, ou seja, ação observável e mensurável, executada por um organismo, relacionada aos estímulos ambientais presentes.
- ***Comportamento respondente***: nomenclatura proposta por Skinner tanto para as *respostas incondicionadas* como para as *respostas condicionadas*.
- ***Estímulo incondicionado (SI)***: estímulo que elicia uma resposta específica, independente de qualquer aprendizagem ou experiência anterior, sem a necessidade de associações anteriores com a resposta.
- ***Resposta incondicionada (RI)***: comportamento eliciado pelo estímulo incondicionado.
- ***Estímulo condicionado (SC)***: estímulo originariamente ineficaz, que, devido à associação com um estímulo incondicionado, passa a produzir os efeitos daquele estímulo, ou seja, se torna capaz de, sozinho, eliciar uma resposta condicionada.
- ***Resposta condicionada (RC)***: nome da resposta eliciada pelo estímulo condicionado.
- ***Reflexo incondicionado***: é a relação fixa e invariável entre o estímulo incondicionado (SI) que elicia uma resposta incondicionada (RI).
- ***Reflexo condicionado:*** é a relação entre o *estímulo condicionado* (SC) que elicia a *resposta condicionada* (RC).
- ***Condicionamento reflexo***: denominação usada por Pavlov em seus trabalhos originais.
- ***Condicionamento pavloviano ou clássico:*** outros nomes, dados pelos norte-americanos que retomariam os trabalhos de Pavlov, para designar o condicionamento reflexo ou respondente.
- ***Condicionamento respondente***: denominação proposta por Skinner para o processo demonstrado por Pavlov. Esta é a denominação mais utilizada ultimamente.

QUESTÕES DE ESTUDO

1. As "secreções salivares" quando eliciadas pela comida na boca do cão são denominadas de (use os termos técnicos) ______________________________.

2. A *relação fixa* entre a presença da carne estar na boca do cão eliciando a resposta de salivar é denominada (use os termos técnicos) ______________________

3. Explique, com suas palavras, o que foi que chamou a atenção de Pavlov durante os experimentos iniciais sobre secreção salivar em cães.

4. Em relação ao procedimento experimental empregado por Pavlov, responda:

a. A fase B foi incluída para demonstrar que a presença do som da campainha era um (use os termos técnicos) ______________________.

b. A fase C é a demonstração da existência de um reflexo (dê a denominação técnica) ______________________________.

c. Qual a finalidade da fase D?

d. A fase E é uma fase de teste. Precisamente, o que foi verificado nessa fase?

5. Complete o paradigma com os dados do procedimento relatado nas páginas 46 e 47 e responda às questões que se seguem:

1ª fase: Condicionamento

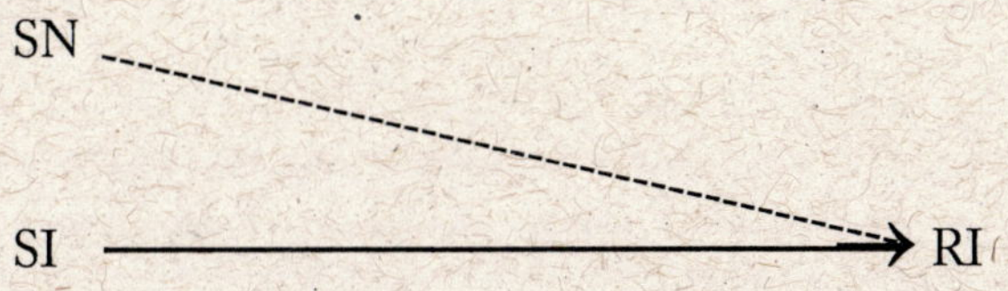

2ª fase: Pós-condicionamento

a. Como se chama o *reflexo* apresentado na primeira fase? Defina-o, usando os termos técnicos.

b. Qual o *estímulo incondicionado* neste reflexo (1ª fase)?

c. Qual *resposta incondicionada* neste reflexo (1ª fase)?

d. Qual é o nome técnico que recebe a presença do som da campainha na primeira fase?

e. O que significa a linha tracejada no paradigma?

f. Qual o nome técnico que recebe a presença do som da campainha na segunda fase?

g. Qual o nome técnico que recebe a resposta de salivar na segunda fase do procedimento?

h. Qual o nome técnico do reflexo apresentado na segunda fase? Defina-o, usando os termos técnicos.

i. Qual o nome técnico desse procedimento?

6. Agora, retome o exemplo da criança que come chocolate (no texto) e coloque esse exemplo sob a forma de paradigma, usando os devidos termos técnicos e os dados do caso (como foi feito na questão anterior).

7. Qual a denominação técnica empregada por Skinner para as respostas incondicionadas e condicionadas, de modo geral?

8. Descreva, usando os devidos termos técnicos, o procedimento de condicionamento respondente.

4

CONDICIONAMENTO OPERANTE E REFORÇAMENTO POSITIVO

As relações estabelecidas pela Análise Experimental do Comportamento entre os comportamentos operantes e o meio ambiente estão ordenadas numa relação de três termos chamada *tríplice contingência*. Ela explica as relações existentes entre as variáveis ambientais e comportamentais, podendo-se determinar as variáveis responsáveis pela ocorrência ou não de um comportamento.

A tríplice contingência é, então, a relação entre os estímulos antecedentes, o comportamento e os estímulos consequentes.

Vejamos a que se refere cada um desses três termos:

a. Os *estímulos antecedentes* estão presentes no momento da emissão do comportamento. Eles referem-se às ocasiões ou situações nas quais um dado comportamento ocorre;

b. O próprio *comportamento* (ou resposta) que se refere a qualquer ação, observável e mensurável, executada por um organismo vivo. O comportamento também pode ser uma resposta encoberta; e

c. Os *estímulos consequentes* ocorrem imediatamente após o comportamento e são responsáveis pela probabilidade futura da emissão dessas respostas. Variando-se a relação entre um dado comportamento e seus estímulos consequentes, esse comportamento terá menor ou maior probabilidade de voltar a ocorrer, em situações semelhantes, no futuro, ou seja, poderá aumentar ou diminuir de frequência em próximas ocasiões.

A tríplice contingência pode ser colocada sob a forma do seguinte paradigma (método esquemático de se representar um procedimento ou, segundo Catania (1999), representação simbólica de relações):

S antecedente ———————— Resposta ———————— *S* consequente

(Utiliza-se **S** para designar estímulo e **R** para a resposta ou comportamento)

Baseados na tríplice contingência, pode-se dizer que o princípio básico do Condicionamento Operante é que os comportamentos operantes são controlados pelos estímulos consequentes. Isso significa que esses comportamentos podem aumentar ou diminuir de frequência, no futuro, em função dos estímulos consequentes que seguem essas respostas.

1. Paradigma do condicionamento operante

S antecedente ———————— Resposta ———————— *S* consequente

Para se analisar e definir um dado procedimento em vigor, é necessário conhecer:

a. *O **Efeito** produzido pelo estímulo consequente sobre a frequência da resposta*

- aumento (ou manutenção) na frequência da resposta OU
- diminuição na frequência da resposta

b. *O **que ocorre com o estímulo consequente**, ou seja, se houve:*

- *apresentação do estímulo consequente* (POSITIVO)
- *não apresentação estímulo consequente* (antes apresentado para a resposta)
- *retirada ou adiamento do estímulo consequente* (NEGATIVO)

Existe sempre *a necessidade da combinação de (a) e (b)*, quando se pretende *definir* um procedimento ou *analisar um caso* mediante um dado procedimento.

Essas combinações remetem a vários procedimentos envolvidos no Condicionamento Operante, a serem estudados neste e nos próximos capítulos, como por exemplo, o Reforçamento Positivo, a Extinção de respostas, a Punição Positiva, a Punição Negativa, o Reforçamento Negativo, entre outros.

2. Procedimento de reforçamento positivo

Reforçamento significa um *fortalecimento* da resposta (força), ou seja, um aumento na frequência da resposta.

Positivo significa que, após a emissão da resposta, há a liberação ou a *apresentação de um estímulo consequente.*

Portanto, temos a definição técnica: *reforçamento positivo* é um procedimento em que há a apresentação de um estímulo consequente (ou reforço positivo) imediatamente após uma resposta, produzindo um aumento na frequência dessa resposta.

Em termos de *paradigma* específico desse procedimento, temos:

S antecedente —————— R —————— S^{r+}

O estímulo consequente neste procedimento é denominado de *reforço positivo (ou estímulo reforçador ou reforçador positivo)*, abreviado por S^{r+}.

O *reforço positivo* é definido como o estímulo que é apresentado imediatamente após uma determinada resposta, produzindo o aumento na frequência dessa resposta.

A título de exemplo, pode-se observar que o aumento na frequência da resposta de "fazer perguntas sobre o assunto", ao professor, durante uma aula expositiva, ocorre em função do esclarecimento dado pelo professor.

S antecedente ——————	R ——————	S^{r+}
Presença do professor aula expositiva	Fazer perguntas sobre o assunto	Apresentação de esclarecimento do em professor

Neste caso, está em vigor o procedimento de Reforçamento Positivo, para a resposta de fazer perguntas sobre um dado assunto, sendo o reforço positivo a apresentação do esclarecimento do professor, havendo o aumento na frequência da resposta pois o aluno volta a fazer perguntas ao professor em situações semelhantes.

3. Alguns cuidados na utilização de reforços positivos

- O reforço positivo deve ser apresentado *imediatamente* após a resposta que se deseja que aumente de frequência. Caso contrário, ele poderá aumentar a frequência de uma outra resposta a que se seguiu. Isso acarretará o *Reforçamento acidental* de alguma (ou algumas) outra resposta, a qual aumentará de frequência indevida e/ou inadvertidamente.

- "*O que é estímulo reforçador para uns, não o é para outros*". Um estímulo apresentado após uma dada resposta pode não aumentar a sua frequência, não sendo, portanto, um reforço positivo para esse comportamento. Isso faz com que se deva escolher o reforçador adequado para cada sujeito. Lembre-se do conceito de reforço positivo: esse estímulo tem alta probabilidade de aumentar a frequência da resposta escolhida quando apresentado imediatamente após essa resposta. Antes de se usar um dado estímulo como reforçador, é aconselhável fazer-se algum levantamento de preferências do sujeito, a fim de se verificar se esse estímulo tem possibilidade de atuar como tal para seu comportamento.

- O nível de *privação* pode ser importante para a real atuação de um dado reforço positivo. É importante verificar se há a necessidade do sujeito estar privado de um estímulo, para que ele atue como reforço positivo, aumentado a frequência da resposta em questão.

- Deve-se usar, sempre que possível, *reforçadores naturais à situação em que estão sendo empregados.* Deve-se optar pelo uso de estímulos reforçadores mais provavelmente disponíveis na situação em que o comportamento ocorre ou deverá ocorrer. Por exemplo, uma professora poderá aumentar a frequência de respostas de seus alunos de fazer os deveres escolares apresentando bonequinhas ou carrinhos... Mas esses reforços positivos não são naturais à situação de sala de aula. Poderíamos dizer que esses são "reforços artificiais", tendo em vista a situação. Há muitos outros reforçadores igualmente eficazes que podem ser usados em sala de aula, até dependendo da idade dos alunos e que são mais pertinentes a essa situação.

- Se houver necessidade de se utilizar um "reforçador artificial" à situação onde o comportamento ocorre, deve-se ir mudando gradualmente esse reforço positivo por outro ou outros eventos reforçadores mais disponíveis no meio em que o sujeito se encontra. Essa mudança pode ocorrer apresentando-se inicialmente os dois reforçadores conjuntamente e, pouco a pouco, ir apresentando menos vezes o "reforçador artificial" e mantendo o reforço natural à situação, até que ele possa, sozinho, manter o comportamento.

- Se um reforço positivo não se mostrar mais eficaz na manutenção do comportamento, é possível ir mudando os reforços no decorrer do procedimento.

5

REFORÇAMENTO POSITIVO E CLASSIFICAÇÃO DOS REFORÇADORES

1. *Paradigma do reforçamento positivo*

S antecedente ———————— R ———————— S^{r+}

2. ***Estímulo reforçador positivo*** é todo estímulo apresentado imediatamente após uma resposta e que aumenta a frequência dessa resposta.

3. ***Classificação dos reforçadores ou reforços positivos***

Segundo Catania (1999) há "...uma variedade de eventos que podem funcionar como reforçadores". Baseado nos tipos de operações que os torna reforçadores, esses estímulos podem ser classificados em: *reforçadores incondicionados* e *reforçadores condicionados.*

a. *Reforçador incondicionado*

- É um estímulo que já possui propriedades reforçadoras, não requerendo associação prévia com outros reforçadores;
- Em geral, ele supre as necessidades básicas do organismo; e
- É necessário que este organismo esteja em *privação* do estímulo para que ele atue como reforçador (ou seja, produza um aumento na frequência de uma dada resposta à qual se seguiu).

Exemplo: apresentação de comida, apresentação de água, apresentação de calor, apresentação de frio.

Na situação de laboratório, mediante a privação de água de 24 horas de água, a *apresentação de água*, imediatamente após a resposta do rato de pressionar a barra, atua como reforçador incondicionado.

Atenção: não confunda o *estado motivacional* do organismo com o reforçador positivo que é o estímulo externo apresentado. Portanto, a *sede* não é o reforçador incondicionado. Ela é o *estado motivacional* gerado pela privação. O reforçador incondicionado é a *apresentação de água*.

b. *Reforçador condicionado*

- É um estímulo que adquire a propriedade reforçadora mediante a associação com um outro ou com outros reforçadores. De acordo com Whaley e Malott (1980), *eles podem ser subdivididos em:*
- *Reforçador condicionado simples:* é um estímulo que adquire suas propriedades reforçadoras mediante a associação com um *único* reforçador positivo, seja este condicionado ou incondicionado.

Exemplos: um aluno entrega o seu exercício na data marcada e há a apresentação de uma marca X na planilha de avaliação. A cada 10 marcas X acumuladas, ele receberá meio ponto a mais na nota final.

Portanto, a *apresentação de uma marca X na planilha de avaliação* está associada à *apresentação de meio ponto na nota final.*

Ao alugar um vídeo, algumas locadoras fornecem um vale-desconto. A apresentação do vale-desconto atua como um reforçador condicionado simples, na medida em que é associado à apresentação do desconto na próxima locação.

- Reforçador condicionado generalizado: é um estímulo que adquire sua propriedade reforçadora mediante a associação com *vários* reforçadores, sejam estes incondicionados ou condicionados.

Exemplos: a *apresentação de dinheiro* após um dado comportamento pode estar associada à *apresentação de alimentos*, *de roupas novas*, *de entrada de cinema* e outros reforçadores.

A *apresentação de atenção*, de um modo geral, é também um poderoso reforçador condicionado generalizado e é muitas vezes denominada também como reforçador social.

Todas as vezes que pago meu convênio de saúde recebo um novo recibo. De posse desse recibo e da carteirinha, posso fazer exames de raio X, ter consultas médicas, internações e fazer exames laboratoriais.

S antecedente ——	R ——	S^{r+}
Presença do dia do pagamento, com dinheiro (ou cheque) na mão, no banco	Pagar o convênio	Apresentação do recibo quitado

A *apresentação do recibo*, neste caso, é um *reforçador condicionado generalizado*, pois é um estímulo que adquiriu sua propriedade reforçadora mediante a associação com *vários* outros reforçadores, no caso, a apresentação de consultas médicas, de exames laboratoriais, de exames de raio X e de internações.

Uma vantagem de se usar um reforçador condicionado generalizado, ao invés de um reforço condicionado simples, pode ser o fato de que, como aquele é associado a vários outros reforçadores, o sujeito não precisa estar privado de um reforçador específico para que ele atue. Além disso, vários sujeitos podem ser submetidos ao uso do mesmo reforçador condicionado generalizado, pois cada um desses sujeitos pode associá-lo a um reforçador de sua preferência, entre aqueles com os quais o estímulo está associado.

Para que um reforçador condicionado simples ou generalizado *mantenha as suas propriedades reforçadoras*, ele deve, pelo menos de vez em quando, voltar a ser associado a um ou vários reforçadores. Caso contrário, ele *perderá a sua propriedade reforçadora*, ou seja, não aumentará mais a frequência das respostas.

6
EXTINÇÃO DE RESPOSTAS

1. *Extinção*

É o procedimento que consiste na não apresentação do reforço positivo após a ocorrência de uma resposta *(que antes era apresentado regularmente)*, produzindo uma diminuição na frequência dessa resposta.

O paradigma do procedimento de extinção é o seguinte:

S antecedente ———————— R ———/——— S^{r+}

(onde R é uma resposta anteriormente reforçada no repertório comportamental do sujeito)

——/—— indica esquematicamente a *não apresentação do reforço positivo*

Note que uma dada resposta vinha sendo reforçada positivamente, isto é, havia a apresentação de um dado reforço positivo após sua emissão. Quando se estabelece um procedimento de extinção, esse mesmo reforço positivo *não é mais apresentado* para essa mesma resposta, a qual deve gradualmente diminuir de frequência.

Observando-se o paradigma referente ao procedimento de extinção, nota-se que ele é semelhante ao de reforçamento positivo, à exceção de que o traço que representa a contingência entre a resposta e o reforço positivo, está "cortado", indicando agora que o reforço positivo, antes apresentado para aquela dada resposta, deixou de sê-lo.

Exemplo:

O namorado telefonava todas as noites por volta das 19h insistentemente para sua ex-namorada, após o término do namoro, mas ela não atendia mais aos telefonemas. Depois de algumas insistências, o namorado não ligou mais para ela.

S antecedente ——————	R ——/——	S^{r+}
Presença do horário por volta das 19h e presença do telefone	Telefonar para a namorada	Não apresentação de e atendimento pela namorada

2. *Efeito característico resultante do uso do procedimento de extinção*

No início da aplicação do procedimento pode haver um aumento na frequência da resposta e depois, gradualmente, há uma diminuição na frequência dessa resposta.

3. *Utilidade de um procedimento de controle experimental em relação à eficácia do reforço positivo*

Se um reforço positivo está sendo apresentado e observa-se que a frequência da resposta aumenta, pode-se não mais apresentar esse reforçador positivo e observar-se qual o efeito produzido sobre a frequência dessa resposta. A frequência da resposta pode diminuir e, com isso, é possível se afirmar que o que estava mantendo tal resposta era esse estímulo reforçador positivo.

Para que se tenha mais certeza dessa afirmação, pode-se fazer um recondicionamento da resposta e, com isso, espera-se que ela aumente de frequência novamente, provando mais uma vez a manutenção da resposta em função desse reforço positivo.

7

REFORÇAMENTO DIFERENCIAL

1. **Classe de respostas:** é um conjunto de respostas que podem ser agrupadas em uma categoria por terem características em comum.

Duas características se destacam como critérios para classificar as respostas em classes:

a. *Topografia*: refere-se aos movimentos envolvidos nas respostas, no espaço em que o sujeito se encontra. *Exemplo*: movimentos envolvidos em falar e cantar; movimentos comuns em jogar tênis e jogar frescobol (tênis de praia).

b. *Funcionalidade*: refere-se aos efeitos que as respostas produzem no ambiente (ou seja, elas produzem os mesmos estímulos consequentes). Se as respostas têm o mesmo efeito no ambiente, elas podem ser agrupadas em uma mesma classe de respostas. *Exemplo:* pintar uma parede pode envolver respostas como pintar usando uma esponja, um pincel ou um rolo. Essas respostas podem ser agrupadas na classe de respostas "pintar uma parede" porque todas elas produzem o mesmo estímulo consequente, ou seja, a parede pintada; digitar e datilografar (função semelhante).

2. **Reforçamento diferencial:** é o *procedimento* em que se reforça uma resposta de uma classe de respostas, aumentando a frequência dessa resposta e coloca-se em extinção (ou não se reforça) todas as demais respostas da mesma classe, diminuindo a frequência dessas outras respostas.

Deve-se notar que, para se utilizar o procedimento de reforçamento diferencial, o sujeito já *deve ter a classe de respostas instalada* em seu repertório comportamental, necessitando apenas que uma dessas respostas aumente de frequência em relação às demais, da mesma classe de respostas.

Exemplo: pode-se reforçar diferencialmente a resposta de falar numa certa entonação e não reforçar outras respostas de falar com entonações diferentes. Reforçar a resposta de segurar adequadamente o lápis ao escrever e não reforçar quaisquer outras respostas de segurar o lápis, pode também ser dado como exemplo do uso do procedimento de Reforçamento Diferencial.

3. **Diferenciação de respostas:** é o *resultado* do procedimento de Reforçamento Diferencial, onde uma resposta de uma classe de respostas aumenta de frequência (ou seja, é fortalecida) e as demais respostas dessa mesma diminuem de frequência (Whaley e Malott, 1980).

4. **Resposta diferenciada:** é uma das respostas de uma dada classe de respostas que é reforçada e tem sua frequência aumentada.

5. **Paradigma de reforçamento diferencial:** em relação ao procedimento de *reforçamento diferencial*, pode-se construir o *paradigma* da seguinte forma:

R 1 ——— S^{r+} aumento na freq. da R1 *R diferenciada*

R 2 ——/— S^{r+} diminuição na freq. da R2

R 3 ——/— S^{r+} diminuição na freq. da R3

R 4 ——/— S^{r+} diminuição na freq. da R4

8

MODELAGEM

1. Utilidade

A *modelagem* é utilizada:

a. Para instalar novas respostas ainda não existentes no repertório comportamental de um organismo; e

b. Por ser um método que visa facilitar a aprendizagem.

2. Passos da modelagem

a. Escolha da *resposta terminal* (objetivo);

b. Escolha de um reforçador potencial a ser usado durante o procedimento;

c. Escolha da *resposta inicial;* e

d. Reforçar a resposta inicial até que ela esteja condicionada, ocorrendo com uma frequência regular. Depois, uma resposta intermediária que mais se aproxime do comportamento terminal é escolhida e reforçada; e assim é feito sucessivamente, reforçando-se cada uma das respostas intermediárias, até que o comportamento terminal ocorra, quando então *é reforçado diretamente.*

Exemplo: Habilidades como falar fluentemente uma determinada língua, nadar, escrever, dirigir um carro, atividades de vida diária como vestir-se, tomar banho sozinho, comer sozinho são respostas não existentes nos repertórios comportamentais dos organismos superiores, geralmente instaladas pelo procedimento de modelagem.

A aprendizagem por observação do comportamento de uma outra pessoa pode estar também envolvida, mas o reforçamento de respostas cada vez mais próximas do desempenho desejado favorece a aquisição de respostas terminais complexas.

3. Critérios para escolha das respostas envolvidas na modelagem

A. *Escolha da resposta terminal*

- A resposta terminal ainda *não exista* no repertório comportamental do organismo, ou seja, o sujeito *não apresenta* este comportamento.
- A aprendizagem dessa resposta é de importância para o sujeito.

B. *Escolha da resposta inicial*

- Essa resposta já *deve* fazer parte do repertório comportamental do organismo para que a modelagem do comportamento terminal possa ser efetivada.
- Algumas vezes, pode ser importante avaliar se o sujeito tem, como pré–requisito, a capacidade física necessária para a emissão da sequência comportamental exigida no processo de modelagem.

Como exemplo, *"movimentar os dedos"* pode ser um comportamento inicial no processo de modelagem de tocar piano, sendo um pré-requisito de capacidade física necessário para que a resposta terminal possa chegar a ser instalada.

Por outro lado, um comportamento inicial pode ser um pré-requisito espacial em relação ao comportamento terminal, como por exemplo, *"aproximar-se da piscina"* em relação ao comportamento terminal de *"nadar"*.

C. *Escolha das respostas intermediárias*

- Que cada uma delas esteja relacionada ao comportamento terminal, de modo que se aproximem cada vez mais desse comportamento terminal.

9

ESQUEMAS DE REFORÇAMENTO

Um dos princípios básicos da Análise Experimental do Comportamento é o de que "*os comportamentos operantes são controlados pelas suas consequências (ou estímulos consequentes)*". Isto significa que os comportamentos podem aumentar ou diminuir de frequência, dependendo dos estímulos consequentes que os seguem.

Um dos estímulos consequentes estudados diz respeito ao *reforço positivo*, o qual é utilizado no procedimento de *reforçamento positivo*. Este estímulo é chamado de *reforço positivo* porque é apresentado imediatamente após a resposta emitida e aumenta a frequência dessa resposta.

Pense no caso do comportamento de *pedir um cigarro a um colega*. O reforço positivo esperado é *receber o cigarro (apresentação de cigarro)*. Quando ele é liberado, a probabilidade futura da emissão dessa resposta é maior. Agora pense mais um pouco: quando alguém emite esse comportamento, é sempre reforçado? Nem sempre... e pelos mais variados motivos: a pessoa a quem se pediu não fuma, não tem cigarros no momento ou talvez não queira dar o cigarro!

Assim, muitos outros comportamentos nem sempre são reforçados em todas as vezes que os emitimos e, mesmo assim, nós continuamos a emiti-los. Isso nos leva a pensar que exista uma *programação para a ocorrência do reforço*, seja ela planejada previamente ou não.

O modo pelo qual a ocorrência do reforço é programada denomina-se *esquema de reforçamento*.

Pode-se dividir os esquemas de reforçamento em duas classes genéricas: o *esquema de reforçamento contínuo* e os *esquemas de reforçamento intermitente*.

Quando se fala em um *esquema de reforçamento contínuo* ou *CRF* (abreviação de *Continuous Reinforcement*), quer-se dizer que toda vez que uma dada resposta é emitida, ela é reforçada. Por exemplo, em relação às respostas de pressionar a barra de um rato albino, utiliza-se a apresentação de uma gota de água como reforço positivo. Emprega-se um esquema de CRF quando se programa que todas as respostas de pressionar a barra (emitidas) serão reforçadas com a apresentação da gota d'água. Espera-se que todas as vezes que se acione a ignição do carro, ele funcione, ocorrendo assim um esquema de reforçamento contínuo.

Quando se fala em um *esquema de reforçamento intermitente* quer-se dizer que *algumas respostas serão reforçadas*, ou melhor, nem todas as vezes que a resposta é emitida, ela é reforçada.

Antes de continuarmos, preste atenção a um detalhe: até o presente momento, você só tinha informações sobre o procedimento de *reforçamento positivo*. O *esquema de reforçamento* refere-se ao modo pelo qual a liberação dos reforços é programada. Por isso, não confunda o procedimento usado (o qual pode ser o de Reforçamento Positivo ou até Reforçamento Negativo, o qual será visto posteriormente) com o esquema de reforçamento empregado nesse procedimento. Neste texto, daremos atenção especial aos Esquemas de Reforçamento, empregando-se o procedimento de Reforçamento Positivo.

A proposta é que você responda às questões a seguir. sem consultar o texto, usando sempre os termos técnicos. Se tiver dificuldades em respondê-las, releia esta primeira parte do texto.

Exercício 1

a. Qual o princípio básico da Análise Experimental do Comportamento? O que ele significa?

____

____

b. O que é um esquema de reforçamento?

____

____

c. As duas classes genéricas de esquemas de reforçamento são: o esquema de reforçamento __________________ e o esquema de reforçamento __________________.

d. Como é programada a liberação dos reforços em um esquema de reforçamento contínuo?

____

e. Como é programada a liberação dos reforços em um esquema de reforçamento intermitente?____

Confira no texto suas respostas e caso você tenha acertado todas as questões, continue a ler o texto. Em caso de dúvidas, releia novamente a primeira parte.

O meio mais rápido e eficiente para se estabilizar a frequência de um comportamento, após a sua instalação no repertório comportamental de um sujeito, é reforçar cada resposta emitida, ou seja, utilizar um *esquema de reforçamento contínuo* (ou *CRF*). No entanto, este não é o meio mais econômico nem mais adequado para se *manter um comportamento* depois de aprendido. Este comportamento, uma vez condicionado, é geralmente reforçado em um *esquema de reforçamento intermitente.*

Em relação aos esquemas de reforçamento intermitente, serão analisados quatro esquemas básicos, divididos em duas classes: os de *razão* (fixa e variável) e os de *intervalo* (fixo e variável).

O diagrama resume os esquemas básicos:

Esquemas de Reforçamento

1. Contínuo ou CRF

2. Intermitentes: em razão (fixa ou variável)

de intervalo (fixo ou variável)

Exercício 2

a. O esquema a ser utilizado logo após a fase de instalação de uma resposta é ______________________.

b. O esquema a ser utilizado na manutenção de respostas no repertório de um organismo é ______________________.

c. Os esquemas de reforçamento intermitente podem ser subdivididos em: ______________________ e ______________________.

ESQUEMAS DE REFORÇAMENTO EM RAZÃO

Num esquema de reforçamento em razão, *o reforço positivo é liberado após um certo número de respostas*. Por isso, costuma-se dizer que é um esquema controlado pelo próprio organismo já que a ocorrência do reforço depende da emissão da resposta por parte do organismo.

A. Esquemas de razão fixa - FR

Sob este esquema de reforçamento, *o reforço é liberado após um número fixo de respostas*. A sigla que o representa é FR (abreviação de *Fixed Ratio*). O número que se coloca após a sigla refere-se à razão exigida. Por exemplo, FR-20 significa que a cada 20 respostas emitidas, o sujeito recebe um reforço.

A resposta de *subir os degraus da escada da faculdade* até o primeiro andar é reforçada num esquema em razão fixa, porque é exigida uma quantidade fixa do comportamento de subir degraus para chegar até o primeiro andar.

Uma lavandeira que cobra por número de peças lavadas pode ter seu comportamento sob um esquema de reforçamento em razão fixa se, a cada 10 peças lavadas (comportamento de lavar roupa), ela cobrar um certa quantia (FR-10). O mesmo ocorre a um vendedor que a cada cinco coleções de livros que vende (comportamento de vender coleções), ele recebe uma comissão a mais em dinheiro (FR-5).

Pode-se ter organismos que começam a trabalhar sob um esquema de razão fixa com um valor baixo e chegam até valores altos (por exemplo, começam com FR-2 e chegam a FR-120, 200). Como conseguir isso? Deve-se utilizar, inicialmente, na fase de instalação da resposta, um esquema de reforçamento contínuo (CRF), depois passar para um esquema de razão com valor mais baixo e ir aumentando *gradualmente* a razão, ou seja, ir aumentando o número de respostas necessário para ocorrer a apresentação do reforço positivo. Por exemplo, pode-se iniciar com CRF, FR-2, FR-4, passar para FR-7, FR-10, até chegar a FR-120 (estes valores são só um exemplo).

Este aumento gradual na razão, até atingir valores altos, evita que a resposta entre em extinção. Se aumentarmos a razão bruscamente, a resposta poderá entrar em extinção já que o reforço demorará para ser novamente apresentado.

Em caso de haver um aumento brusco na razão, esse aumento chama-se *distensão de razão* e é evitado aumentando-se *gradualmente* a razão, até atingir o valor desejado.

Todos os esquemas de reforçamento geram características específicas na frequência das respostas envolvidas.

O esquema de reforçamento em razão fixa gera *uma frequência alta e constante de respostas* e uma *pausa após a apresentação do reforço*. Nesse caso, ora o organismo se comporta em alta frequência, ora ele não apresenta nenhum comportamento, fazendo uma pausa após receber o reforço positivo.

O tamanho da pausa dependerá da razão exigida, ou seja, do número de respostas exigido. Quanto maior a razão, maior será a pausa após reforço. Em um esquema de reforçamento em razão fixa com valor muito baixo, não se observa claramente a pausa após reforço, já que essa pausa aumenta conforme aumenta-se a razão.

B. Esquemas de razão variável - VR

Sob este esquema de reforçamento, *o reforço é programado para ser liberado após um número variável de respostas, em torno de uma média.*

A sigla que o representa é VR (abreviação de *Variable Ratio*). O número que se coloca após a sigla refere-se ao *número médio* de respostas exigido para a liberação do reforço positivo. Por exemplo: VR-20 significa que a cada 20 respostas *em média*, o organismo será reforçado.

Suponha, por exemplo, que programamos reforçar um sujeito quatro vezes, do seguinte modo: na primeira vez, ele será reforçado após emitir 11 respostas; na segunda vez, após 23 respostas; na terceira vez, após 31 respostas e na quarta vez, após 15 respostas. Quanto dá a média dessas respostas?

Temos que somar todas as respostas e dividir o total por 4, que foi o número de reforços liberados. Então:

11 + 23 + 31 + 15 = 80 : 4 = 20
Portanto, temos nesse caso um VR-20.

Vejamos alguns exemplos de comportamentos reforçados sob um esquema de reforçamento em razão variável.

Atualmente, não é sempre que as pessoas reforçam nosso comportamento de *dizer "bom dia"*. O reforço positivo a ser recebido poderia ser a apresentação de um sorriso, um aceno de mão ou a retribuição verbal: "bom dia". Existem ocasiões em que dizemos "bom dia" a duas ou quatro pessoas para obtermos um reforço; ocasionalmente, temos que dizer "bom dia" duas ou três vezes, diante da mesma pessoa, até que ela nos reforce. Nesses casos, o comportamento de "dizer bom dia" está sob um esquema intermitente de razão variável.

Oferecer livros de porta em porta é também um comportamento mantido em VR. Às vezes oferece-se o livro a cinco pessoas para que um seja vendido (reforço positivo: apresentação de livro vendido); outras, já para a primeira pessoa que ele é oferecido existe a venda; depois disso, somente quando ele é oferecido pela décima oitava vez, e assim por diante... O número de comportamentos a ser emitido varia até que o reforço positivo seja liberado.

As máquinas tipo caça-níqueis reforçam o comportamento de *jogar* em um esquema de reforçamento de razão variável. Isso faz com que o comportamento de *jogar* acabe ocorrendo com uma frequência bastante alta e quase sem pausas após reforço. Às vezes, além disso, esse comportamento deve ser emitido um grande número de vezes para que possa ser reforçado, o que faz com que seja mantido em VR com valores bastante altos.

Dessa forma, observa-se que o esquema de reforçamento em razão variável gera uma característica específica em relação ao comportamento por ele mantido. Ele gera *alta frequência de resposta* e *não gera pausas após reforço.*

Da mesma maneira que nos esquemas de reforçamento em razão fixa, deve-se evitar a *distensão de razão*, aumentando gradualmente os valores exigidos para se evitar que a resposta entre em extinção.

Exercício 3

a. Os esquemas nos quais a liberação do reforço depende de uma quantidade de respostas do organismo chamam-se______________________________.

b. Existem dois tipos de esquemas de reforçamento em razão:

____

____

c. O que é um esquema de reforçamento em razão fixa? Qual a sigla desse esquema?______________________________________

____

d. Quais as características de um comportamento mantido sob um esquema de reforçamento em razão fixa?____

____

____

e. Um operário que recebe R$ 180,00 a cada conjunto de 20 peças que produz, está trabalhando sob um esquema de reforçamento________________________.

f. Como é programada a liberação do reforço positivo em um esquema de reforçamento em razão variável?____

____

g. Diga o que significa VR-15.

____

____

h. Quais as características de um comportamento mantido sob um esquema de reforçamento em razão variável?

____

____

i. Se nas seis vezes que um organismo recebe um reforço positivo, ele os recebe nesta ordem: após 6, 2, 3, 7, 4 e 8 respostas, ele está trabalhando sob um esquema de reforçamento ____________________________________ (dê o nome técnico do esquema, a sua sigla e o valor do esquema).

j. Dê um exemplo de um comportamento mantido em um esquema de reforçamento em razão fixa e variável, seguindo os itens:

FR: Exemplo:____

____

____

Qual o comportamento a ser reforçado em seu exemplo?

____

Qual o reforço positivo?

____

Qual o nome técnico do procedimento em vigor?

____

Qual o nome técnico do esquema de reforçamento?

____

Dê a sigla e o valor do esquema, de acordo com seu exemplo:

____

Como são dados os reforços positivos nesse esquema de reforçamento?

____

____

VR: Exemplo:____

____

Qual o comportamento a ser reforçado em seu exemplo?______________

Qual o reforço positivo?______________________________

Qual o nome técnico do procedimento em vigor?______________

Qual o nome técnico do esquema de reforçamento?______________

Dê a sigla e o valor do esquema, de acordo com seu exemplo:______________

Como são dados os reforços positivos nesse esquema de reforçamento?

____

____

ESQUEMAS DE REFORÇAMENTO DE INTERVALO

Nestes esquemas de reforçamento, *a liberação do reforço depende de dois fatores:*

a. A *passagem do tempo;* e

b. A *emissão da resposta após o intervalo de tempo.*

Nos esquemas de reforçamento vistos anteriormente, verificou-se que um reforço positivo resultava exclusivamente do "esforço do sujeito", ou seja, do número de respostas dadas, independente de quanto tempo o sujeito demorasse para dar a quantidade de respostas exigida. Quanto mais respostas o organismo apresenta, mais reforços recebe. Assim, nos esquemas de reforçamento em razão, os reforços podem ser considerados como *independentes do tempo*, importando sempre *o número de respostas emitidas.*

No entanto, nos esquemas de reforçamento temporais (ou de intervalo), estão envolvidos também os aspectos temporais em sua programação, como diz o próprio nome. Não importa quantas respostas o sujeito tenha dado: se não tiver passado também o tempo estipulado, ele não receberá o reforço positivo. Além disso, esse reforço só será apresentado caso o sujeito emita pelo menos uma resposta após a passagem do tempo.

A. Esquemas de reforçamento de intervalo fixo - FI

Sob este esquema de reforçamento, *o organismo é reforçado se emitir pelo menos uma resposta após um intervalo fixo de tempo.*

Assim, se o comportamento de um organismo está sob um esquema de reforçamento de intervalo fixo 5 minutos, o reforço só será liberado se ele emitir uma resposta *após 5 minutos*. Não importam quantas respostas ele emitiu *durante* os 5 minutos; ele pode ter emitido 100, 200 respostas durante o intervalo e o comportamento *não será reforçado. Somente a primeira resposta emitida após os 5 minutos será reforçada.*

A sigla que representa o esquema de reforçamento de intervalo fixo é FI (abreviação de *Fixed Interval*). O número que se coloca após a sigla representa o valor específico do intervalo de tempo fixo.

Nesse tipo de esquema de reforçamento, o desempenho do sujeito também adquire características específicas: *a frequência de respostas é baixa no início do intervalo e, geralmente, aumenta conforme se aproxima o final do intervalo.*

Temos muitos exemplos de nossa vida diária, em que o comportamento emitido só será reforçado após a passagem de um tempo determinado. Por isso, acabamos nos comportando "na última hora", ou seja, há um aumento na frequência ou duração da resposta no final do intervalo.

Um aluno que deve entregar um trabalho a seu professor em uma determinada data está sendo mantido em um esquema de intervalo fixo quando, por exemplo, a entrega deve ser em três semanas. Este FI-3 semanas gera um padrão típico de comportamento: há poucas respostas ou nenhuma resposta no início do intervalo e um aumento na frequência da resposta de fazer o trabalho no final do período. Assim, na primeira semana da proposição da tarefa, o aluno começa a procurar algum material, sabe que deve fazê-lo, mas o prazo está longe... Pouco a pouco ele começa a se comportar mais frequentemente em relação a fazer o trabalho e, geralmente, nos últimos dias (para não dizer na última noite), ele passa terminando seu trabalho.

Pensemos em um fiscal que costuma passar em um setor de hora em hora, para inspecionar o trabalho dos operários de uma fábrica. O comportamento de *trabalhar* dos operários está colocado sob um esquema de reforçamento de intervalo fixo de uma hora – FI-1 hora. Imagine que esse fiscal marque se o operário está trabalhando ou não e em caso de estar, o operário receberá um extra em seu salário, se tiver 100% de marcações do fiscal. Esse não seria um esquema de reforçamento muito adequado à produtividade da fábrica. Por quê? Ele gera a característica típica desse esquema: trabalhar pouco no início do intervalo e ir aumentando a frequência da resposta conforme chega o final do intervalo. Então, os operários poderiam recomeçar a trabalhar somente quando fosse chegando a hora do fiscal passar...

Se o comportamento do rato albino, no laboratório, for colocado sob um FI-3 minutos, ele só será reforçado se emitir uma resposta de pressionar a barra, logo após a passagem de três minutos. Assim, as respostas de pressionar a barra dadas durante os três minutos *não serão reforçadas*. Somente a primeira resposta que ele der após os três minutos é que será reforçada.

Olhar o leite contido numa panela que está sobre o fogão e ser reforçado pela apresentação do leite fervido, pode ser um exemplo de um comportamento mantido sob FI. O número de vezes que a pessoa olha a leiteira não interfere na apresentação do reforçador positivo. O reforço só será liberado depois que a leiteira estiver aquecida pelo calor durante um certo tempo fixo, desde que se mantenha constante o tamanho da panela, a quantidade de leite colocada, a intensidade do fogo etc. Somente a primeira resposta de olhar o conteúdo da leiteira é que será reforçada, após ter se passado o tempo necessário para a fervura.

B. Esquemas de reforçamento de intervalo variável - VI

Sob este esquema de reforçamento, *o organismo é reforçado se apresentar pelo menos uma resposta após a passagem de um intervalo variável de tempo.*

Assim, se o comportamento de um organismo está sob um esquema de reforçamento de intervalo variável de 10 minutos – VI-10 minutos -, ele só receberá o reforço positivo se apresentar *uma resposta após um intervalo de tempo que gira em torno de 10 minutos*, ou seja, uma média de 10 minutos.

O mesmo cálculo usado para os esquemas de reforçamento em razão variável é utilizado aqui, só que cada um dos valores representa o *tempo* e não mais um número de respostas.

A sigla que representa o esquema de reforçamento de intervalo variável é VI (abreviação de *Variable Interval*). O número que se coloca após a sigla representa o *tempo médio* para a liberação dos reforços.

Neste esquema de reforçamento também há a necessidade da *passagem do tempo* e da *emissão de uma resposta após a passagem do tempo estipulado.*

O padrão típico de respostas gerado por este esquema de reforçamento é uma *alta frequência de respostas, sem pausas após reforço.*

Imagine aquele fiscal de setor passando a intervalos variáveis de tempo. Os operários nunca saberiam quando ele iria passar e, portanto, trabalhariam o tempo todo, gerando uma alta frequência de respostas, sem pausas após reforço.

Olhar a rua numa certa direção e verificar se o ônibus se aproxima da parada, dirigir-se à janela do apartamento a fim de constatar a chegada do namorado, atender ao telefone à espera daquela notícia de emprego são exemplos de comportamentos mantidos em VI, uma vez que não se sabe *quando* os reforços positivos serão apresentados. Não importa o número de vezes que alguém olhe a rua, nem o número de vezes que se vá à janela e muito menos quantos telefonemas alguém atendeu: se não houver também a passagem de um tempo variável, não há a apresentação do reforço positivo.

Há uma característica que pode ser acrescentada aos esquemas de reforçamento de intervalo. É a *disponibilidade limitada* (ou *Limited Hold*). Isso significa que o reforço está disponível após a passagem de tempo, mas por um período restrito de tempo.

Por exemplo, num VI-10 minutos, com disponibilidade limitada de 15 segundos, o reforço ficará disponível após a passagem de cada período de tempo, mas *apenas durante 15 segundos.* Assim, se a resposta ocorrer durante esses 15 segundos de disponibilidade do reforço, a resposta será reforçada. Se o organismo *não responder* durante os 15 segundos ou responder *após* os 15 segundos, *ele perderá esse reforço*, começando a contar um novo intervalo de tempo, com outra disponibilidade limitada de 15 segundos e assim por diante.

Isso faz com que a frequência de respostas seja maior, a fim de evitar a perda do reforço positivo.

No caso do comportamento de fazer sinal para o ônibus, sendo reforçado com a parada do ônibus, há uma disponibilidade limitada, já que, passado o intervalo necessário para o surgimento do ônibus, há um período limitado de tempo para fazer o sinal e ele parar. Se o sinal não for feito nesse período, perde-se o reforço e um novo tempo deve passar para vir o próximo ônibus...

A disponibilidade limitada pode ser utilizada tanto nos esquemas de reforçamento de intervalo fixo como nos de intervalo variável.

Exercício 4

a. Nos esquemas de reforçamento de intervalo, a liberação do reforço positivo depende de ____

____

b. Existem dois tipos de esquemas de reforçamento de intervalo: ______________

____

c. Um esquema de reforçamento de intervalo fixo (FI) significa

____

____

d. Num esquema de FI-7 minutos, quando será liberado o reforço positivo? ________

____

____

____

e. Quais as características de um comportamento colocado sob um esquema de reforçamento de intervalo fixo? ______________________________

____

f. No esquema de reforçamento de intervalo variável (VI) o reforço será liberado quando ____

____

g. As características de um comportamento mantido sob um esquema de VI são: __

____

____

h. A *disponibilidade limitada* pode ser usada nos esquema de reforçamento de intervalo e significa que____

____

i. A existência de um período limitado de tempo para dar a resposta – a disponibilidade limitada – faz com que a frequência de respostas seja (maior?) (menor?). Justifique a escolha.____

____

j. Dê exemplos de comportamentos mantidos nos esquemas de FI e VI, seguindo os itens:

FI: Exemplo:____

____

____

Qual o comportamento a ser reforçado em seu exemplo? ____________________
Qual o reforço positivo?____
Qual o nome técnico do procedimento em vigor?__________________________
Qual o nome técnico do esquema de reforçamento?________________________
Dê a sigla e o valor do esquema, de acordo com seu exemplo:__________________
Como são dados os reforços positivos nesse esquema de reforçamento?

____

____

VI: Exemplo:____

____

Qual o comportamento a ser reforçado em seu exemplo? ____________________
Qual o reforço positivo? ____
Qual o nome técnico do procedimento em vigor? __________________________
Qual o nome técnico do esquema de reforçamento? ________________________
Dê a sigla e o valor do esquema, de acordo com seu exemplo: __________________
Como são dados os reforços positivos nesse esquema de reforçamento?

____

____

k. Analise o seguinte exemplo: tenho que tomar o metrô todos os dias às 7 horas da manhã. Quando ele chega, a porta se abre e tenho no máximo 10 segundos para entrar, pois após esse tempo, a porta se fecha.

Qual o nome técnico do esquema de reforçamento em vigor, nesse caso? ____________
____
(dê a sigla e o valor do esquema).

Há uma disponibilidade limitada envolvida. Qual é o seu valor? ____________________
Se eu emitir uma resposta de entrar no metrô em 5 segundos, sou reforçado? __________
____
E se eu emitir uma resposta após 12 segundos da abertura da porta, serei reforçado? ___
____

ESQUEMAS DE REFORÇAMENTO E RESISTÊNCIA À EXTINÇÃO

Os esquemas de reforçamento intermitente – FR, VR, FI e VI –, quando comparados ao CRF, geram um aumento na resistência à extinção. Isto é, quando um procedimento de extinção é iniciado, após um organismo estar sob um esquema de reforçamento intermitente qualquer, o comportamento continua a ser emitido por um período mais longo, até começar a diminuir de frequência.

O comportamento de um organismo que estava em CRF e em seguida é colocado em extinção, diminui de frequência mais rapidamente do que um comportamento anteriormente colocado sob qualquer esquema de reforçamento intermitente.

Portanto, *os esquemas de reforçamento intermitente geram comportamentos mais resistentes à extinção* do que um esquema de reforçamento contínuo. Isso significa que, durante o procedimento de extinção, quando utilizado logo após o reforçamento positivo com um esquema de reforçamento intermitente, o organismo demora mais para começar a diminuir a frequência da resposta.

CONCLUSÃO

Utilizando-se um procedimento de *reforçamento positivo* pode-se programar a apresentação dos reforços positivos através dos *esquemas de reforçamento* (a programação do estímulo consequente pode ocorrer também em outros procedimentos).

Essa programação pode estar baseada somente no *número de respostas emitidas* ou na *passagem de um tempo* e emissão da resposta. Há, portanto, os esquemas de reforçamento em razão e os de intervalo.

Alguns esquemas são mais facilmente planejados quando utilizados em situações planejadas, como laboratórios, do que em situações de ambiente natural.

Além disso, os esquemas de reforçamento, geralmente, no ambiente natural, são combinados entre si, gerando outros esquemas (como esquemas múltiplos, mistos), os quais não serão estudados neste momento(o leitor poderá consultar, entre outras obras, Catania, 1999, caps. 10 e 11).

É importante salientar-se o uso do CRF, logo após a resposta ter sido instalada. Os reforços, nesta fase, devem ser apresentados o mais frequentemente possível, sendo o ideal a utilização do CRF. Posteriormente, passa-se a manter a resposta no repertório comportamental do organismo através dos esquemas de reforçamento intermitentes.

Os esquemas de reforçamento intermitente são úteis para a manutenção de respostas: um organismo tem que ser reforçado ocasionalmente, a fim de que não deixe de responder. Se não houver a apresentação do reforço positivo, ocorrerá um procedimento de extinção.

Há uma outra vantagem em se usar esquemas de reforçamento intermitente: nem sempre no ambiente natural os reforçadores estão disponíveis para serem liberados após todas as respostas em questão. Uma professora não consegue reforçar todos os comportamentos considerados "adequados" em sala de aula de todos os seus alunos. Uma mãe não pode ficar o dia todo ao lado de seu filho a fim de liberar reforçadores. Nem sempre que telefonamos a alguém, encontramos esse alguém no primeiro telefonema. Nem sempre que procuramos aquele desejado emprego, o conseguimos no primeiro local ao qual nos dirigimos... Mesmo assim, nossos comportamentos continuam a ocorrer e tornam-se resistentes à extinção devido aos esquemas de reforçamento intermitente. Sob esse ponto de vista, os esquemas de reforçamento são bastante úteis na instalação e manutenção de respostas desejáveis a um dado organismo.

No entanto, algumas vezes, reforçar uma resposta ocasionalmente (de vez em quando) pode ser trabalhoso, caso se necessite colocar-se essa resposta em extinção. Lembre-se que reforçar comportamentos "de vez em quando", ou seja, em esquemas de reforçamento intermitente, os torna mais resistentes à extinção. Se uma resposta deve diminuir de frequência, precisa deixar de ser reforçada (extinção). Reforçá-la ocasionalmente não produzirá o efeito desejado: ao contrário, ela ocorrerá cada vez mais frequentemente...

Se aquele seu amigo "inconveniente" lhe telefona frequentemente e você não quer mais que ele ligue, o que fazer? Se você ficar "penalizado" e, de vez em quando, atender ao seu telefonema, prepare-se: ele vai aumentar em muito a frequência dos telefonemas. Se o seu objetivo é diminuir a frequência da resposta, não libere mais *nenhum* reforço. É necessário paciência, pois, no início de todo procedimento de extinção, a resposta tende a aumentar de frequência, para depois diminuir gradualmente.

Síntese dos conceitos apresentados

1. *Esquemas de reforçamento:* modo pelo qual a ocorrência do reforço é programada, no procedimento de Reforçamento Positivo.

2. Há *duas classes genéricas de esquemas de reforçamento*: o esquema de reforçamento contínuo (CRF) e os esquemas de reforçamento intermitente.

3. *Esquemas de reforçamento contínuo ou CRF*
   - todas as respostas emitidas são reforçadas
   - é utilizado logo após a fase de instalação da resposta (às vezes, logo após o uso do procedimento de Modelagem).

4. *Esquemas de reforçamento intermitente*
   - o reforço é apresentado ocasionalmente, ou seja, somente algumas respostas são reforçadas.
   - são utilizados para a manutenção de respostas.

   Tem-se os:

   Esquemas de reforçamento em razão, subdivididos em razão fixa (FR) e razão variável (VR).

   Esquemas de reforçamento de intervalo, subdivididos em intervalo fixo (FI) e intervalo variável (VI).

5. Esquemas de reforçamento em razão o reforço é liberado após um número determinado de respostas emitidas. Tem-se:

   Esquema de reforçamento em razão fixa (FR)
   - o reforço é liberado após um número fixo de respostas.
   - gera alta frequência de respostas e pausa após reforço.

   Esquema de reforçamento em razão variável (VR)

- o reforço é apresentado após um número variável de respostas, em torno de uma média.
- gera alta frequência de resposta e não há pausas após reforço.

6. *Esquemas de reforçamento de intervalo*

o reforço é programado para ser apresentado após a primeira resposta que ocorrer após a passagem de um certo período de tempo. Tem-se o:

Esquema de reforçamento de intervalo fixo (FI)

- o reforço é apresentado após a *primeira resposta emitida* após a *passagem de um tempo fixo.*
- gera baixa frequência de respostas no início do intervalo e alta frequência de respostas no final do intervalo.

Esquema de reforçamento de intervalo variável (VI)

- o reforço é liberado após a *primeira resposta emitida* após a passagem de *intervalos variáveis* de tempo.
- gera alta frequência de respostas, sem pausas após o reforço.

7. A *disponibilidade limitada* pode ser incluída nos esquemas de reforçamento de intervalo: é um tempo determinado, após o intervalo, no qual a resposta deve ocorrer, caso contrário, o reforço não será liberado.

10

CONTROLE DE ESTÍMULOS:

DISCRIMINAÇÃO E GENERALIZAÇÃO DE ESTÍMULOS

1. Treino discriminativo

É o *procedimento* em que se reforça uma resposta em presença do *estímulo discriminativo* (S^D), e não se reforça (ou coloca-se em extinção) a mesma resposta em presença do *estímulo delta* (S^Δ), produzindo um aumento na frequência da resposta em S^D e uma diminuição na frequência dessa mesma resposta em S^Δ.

2. *Paradigma:*

$$S^D \text{———————} R \text{———————} S^{R+}$$
$$S^\Delta \text{———————} R \text{——/——} S^{R+}$$

3. *Estímulo discriminativo* (S^D): é o estímulo na presença do qual uma resposta é reforçada.

4. *Estímulo delta* (S^Δ): é o estímulo na presença do qual uma resposta não é reforçada.

Exemplos:

Os seres humanos aprendem inúmeras discriminações em seu processo de aprendizagem. Discriminam-se as situações apresentadas, como sua própria casa e o escritório, discriminam-se as pessoas envolvidas, sugerindo comportamentos diferentes frente ao chefe, aos diferentes professores, aos pais, aos amigos e desconhecidos. Discriminam-se, inclusive, conceitos cada vez mais abstratos como a bondade e a maldade, o bom humor e o mau humor, envolvendo treinos discriminativos mais complexos.

Um exemplo mais completo relativo ao uso do procedimento de treino discriminativo pode ser o seguinte. Uma mãe é atendida pela orientadora educacional somente se solicitar o atendimento após o horário das aulas, entre 12 e 13h. Caso peça para ser atendida durante o período de aulas, entre 7h30min e 12h ou após às 13h, não será atendida pela orientadora da escola.

5. *Discriminação de estímulos* (ou *controle de estímulos*)

Refere-se ao *resultado* do Treino Discriminativo, ou seja, é o aumento na frequência da resposta em presença do estímulo discriminativo e a diminuição na frequência dessa mesma resposta frente ao estímulo delta.

Em outras palavras, pode-se dizer que na discriminação de estímulos, o sujeito responde de forma diferente frente a diferentes estímulos.

6. *Generalização de estímulos*

Ocorre quando o sujeito responde de forma igual ou semelhante frente a diferentes estímulos.

7. *Classe de estímulos*

É um conjunto de estímulos que possuem alguma característica em comum, para poderem ser agrupados em uma mesma categoria.

Exemplo: a classe de estímulos "transportes marítimos" pode envolver estímulos como tais como navio, barco, iate, canoa e jangada.

Classe de estímulos = Transportes Marítimos

8. *Formação de conceito*

Diz-se que este processo está ocorrendo quando há a discriminação de estímulos entre duas ou mais classes de estímulos e, ao mesmo tempo, ocorre a generalização de estímulos dentro de cada uma das classes de estímulos.

9. *Teste de generalização*

É útil para se medir o grau de discriminação e generalização entre os estímulos apresentados.

Ele é aplicado após o término do treino discriminativo, ou seja, quando o comportamento está sob o controle de estímulos.

No *teste de generalização* apresentam-se os estímulos utilizados no treino discriminativo realizado anteriormente, juntamente com outros estímulos novos (diferentes dos usados no treino discriminativo). *Nenhuma resposta é reforçada* durante o teste de generalização para se evitar aprendizagem de outras respostas que não interessam ao estudo feito no momento.

10. *Gradiente de generalização*

Os *resultados* de um teste de generalização podem ser colocados em um gráfico de frequência denominado *gradiente de generalização*. Nele pode-se observar o grau de discriminação e de generalização entre os estímulos apresentados.

Geralmente quanto *maior a diferença entre as frequências das respostas* frente a dois estímulos diferentes, *maior é a discriminação de estímulos* entre eles (e consequentemente menor é a generalização de estímulos entre eles). Quanto *menor a diferença entre as frequências de respostas* frente a pelo menos dois estímulos diferentes, *maior a generalização de estímulos* (e consequentemente menor é a discriminação de estímulos entre eles).

11

CADEIAS S - R

1. *Cadeia S-R*

É uma "sequência de estímulos discriminativos e respostas, em que cada resposta produz uma mudança no meio (isto é, um reforço positivo) que atua como estímulo discriminativo para a próxima resposta" (Whaley e Malott, 1980).

2. *Função de um estímulo na cadeia S-R*

Em uma dada cadeia S-R, cada estímulo é, ao mesmo tempo:

- Estímulo discriminativo para a *resposta posterior* e
- Reforço positivo para a *resposta anterior*.

3. *Quebra de cadeia*

Se um reforço positivo não for apresentado logo após uma dada resposta de uma cadeia S-R, esta cadeia será *interrompida*. Esta interrupção chama-se *quebra de cadeia*, ou seja, não há o reforço positivo para a resposta anterior e, consequentemente, não há o estímulo discriminativo para a próxima resposta.

Em termos de frequência, a *resposta anterior* a esse reforço positivo diminuirá de frequência e a *próxima resposta* não será emitida.

4. *Encadeamento de trás para a frente*

O encadeamento de trás para a frente é feito reforçando-se a última resposta de uma cadeia S-R, até que ela esteja instalada, depois reforçando-se a penúltima resposta e assim sucessivamente, até que a primeira resposta seja reforçada, completando-se a cadeia toda. Às vezes é necessário que alguém execute a cadeia para o sujeito até a penúltima resposta, deixando a última para ele executar e assim, sucessivamente.

5. *Utilidade do encadeamento de trás para a frente*

A sua utilidade é facilitar a aprendizagem do sujeito, podendo-se lançar mão deste procedimento tanto com animais inferiores como com seres humanos.

Exemplo: Pode-se construir cadeias S-R para facilitar o ensino e a aprendizagem de comportamentos necessários à independência do sujeito como: vestir-se sozinho, comer sozinho, amarrar os tênis, colocar a blusa, entre outros.

12

CONTROLE AVERSIVO: PUNIÇÃO POSITIVA E PUNIÇÃO NEGATIVA

1. Punição positiva

É o *procedimento* no qual há *a apresentação de um estímulo punitivo* logo após uma dada resposta, produzindo uma diminuição na frequência dessa resposta.

2. Punição negativa

É o *procedimento* no qual há *a retirada de um reforço positivo* após a resposta, diminuindo a frequência da resposta.

Deve ser notado que esse estímulo reforçador *não mantinha relação anterior* com essa resposta, ou seja, antes ele não era apresentado após essa resposta específica, sendo, no entanto, reforçador para outras respostas do sujeito.

3. Estímulo punitivo ou estímulo aversivo (na punição positiva)

É o estímulo apresentado logo após uma dada resposta, produzindo uma diminuição na frequência dessa resposta.

4. Estímulo punitivo ou estímulo aversivo (na punição negativa)

É um reforço positivo que é retirado após uma dada resposta, produzindo uma diminuição na frequência dessa resposta.

5. *Exemplo:* Henrique estacionou seu carro em um lugar proibido e isso acarretou-lhe uma multa além da retirada do carro por um guincho da companhia de trânsito local. Ele não parou mais seu carro em locais proibidos. Nesse caso há a ocorrência dos dois procedimentos de Punição: a Punição Positiva, com a apresentação da multa

e a Punição Negativa, com a retirada do carro pelo guincho. Pode-se construir dois paradigmas, um para cada um desses procedimentos.

a) Punição Positiva:

S antecedente ———————— R ———————— S^{av}

Presença de local proibido para estacionamento Estacionar o carro Apresentação de multa

b) Punição Negativa:

S antecedente ———————— R ———————— S^{av}

Presença de local proibido para estacionamento Estacionar o carro Retirada do carro pelo guincho

6. Diferença básica entre a punição negativa e a extinção

No procedimento de Extinção, não é apresentado um reforçador positivo, que anteriormente mantinha (ou era apresentado após) essa mesma resposta. Já na Punição Negativa, é retirado um reforço positivo qualquer *sem relação anterior* com essa dada resposta.

7. Desvantagens de se utilizar os procedimentos de punição

Os procedimentos de punição *não devem ser utilizados indiscriminadamente*. Geralmente, eles só são usados de forma planejada quando há a necessidade de se diminuir rapidamente a frequência de respostas muito prejudiciais ao sujeito, às vezes, envolvendo até o risco de vida ao sujeito quando da emissão de tais comportamentos. Algumas dessas desvantagens podem ser citadas (Davidoff, 2001, p. 191):

- "Os estímulos punitivos físicos podem escapar ao controle e prejudicar o sujeito, assim como alguns estímulos punitivos sociais como o sarcasmo e o ridículo também podem ser prejudiciais".
- Quando expostos a estímulos aversivos, os sujeitos tendem a fugir ou esquivar-se desses estímulos, aprendendo "respostas socialmente impróprias em consequência do reforçamento negativo". Pode-se citar exemplos como os comportamentos de mentir, fingir doenças, etc.
- "Os estímulos punitivos potenciais podem gerar um contra-ataque agressivo". Comportamentos de agressividade podem surgir em função do uso dos procedimentos de punição, em determinados sujeitos.

- Ao utilizar os procedimentos de punição, os adultos estão fornecendo um modelo de agressividade às crianças, podendo haver a imitação de comportamentos agressivos dos adultos.
- "A punição pode ser eficaz somente na presença do agente punidor, ocorrendo novamente a emissão do comportamento quando esse agente punidor estiver ausente".
- Ao se utilizar os procedimentos de punição, pode-se condicionar comportamentos respondentes, ou seja, os estímulos incondicionados que eliciam determinadas respostas incondicionadas (como por ex., presença de surras, gritos, etc.) podem ser associados a outros estímulos presentes na situação, tornando-se estes outros, estímulos condicionados capazes de, por si só, eliciar as mesmas respostas. As presenças do pai, da mãe, da professora podem ser associadas a estímulos punitivos que eliciam comportamentos respondentes também e tornarem-se estímulos condicionados.

8. *Alguns cuidados quando do uso dos procedimentos de punição:* Segundo Davidoff (2001, p. 191-193), há alguns cuidados importantes a serem tomados se for necessário o uso dos procedimentos de punição:

- "Qualquer procedimento disciplinar é mais eficaz quando existe um forte laço afetivo entre a criança e o adulto".
- "Escolher um estímulo punitivo potencial suave ou moderado que não prejudique o indivíduo psicológica ou fisicamente".
- Estímulos punitivos mais suaves ou moderados não fornecem um modelo de agressividade e têm menos probabilidade de instalar comportamentos de fuga ou esquiva.
- O estímulo punitivo deve ser aplicado "sistematicamente à mesma resposta a ser eliminada, cada vez que esta ocorrer" e, simultaneamente, as fontes de reforçamento para esse mesmo comportamento devem ser completamente eliminadas.
- O comportamento a ser eliminado deve ser punido tão logo ele seja instalado, para que os estímulos punitivos se tornem mais eficazes.
- O estímulo punitivo potencial deve ser breve, não se usando, por ex., uma estimulação física prolongada.

- Um comportamento alternativo adequado deve ser ensinado e reforçado positivamente.
- "Combinar o estímulo punitivo potencial com um sinal, como "não", "não faça", para que esse estímulo antecedente torne-se eficaz, não havendo a necessidade de se chegar a aplicar os estímulos punitivos."

13

CONTROLE AVERSIVO: REFORÇAMENTO NEGATIVO

No capítulo anterior viu-se que os eventos aversivos podem ser utilizados para suprimir ou diminuir a frequência de comportamentos. Contudo, estes mesmos eventos também podem ser utilizados na aquisição de comportamentos: os organismos podem ser condicionados a *emitir comportamentos (aumentando sua frequência)* para *fazer cessar ou remover um estímulo aversivo.*

Quando se procede a análise dos comportamentos emitidos no cotidiano pelos seres humanos, verifica-se que uma infinidade deles é controlada pelas contingências aversivas, basicamente pelo *reforçamento negativo*. Pagamos as contas no prazo e dirigimos o carro respeitando o limite de velocidade para *evitarmos* as multas (estímulo aversivo); cumprimos o horário, realizamos as tarefas do trabalho e, algumas vezes, fazemos hora extra para *evitar* uma possível demissão (estímulo aversivo); no contexto do relacionamento interpessoal os exemplos são muitos. Pense nas contingências que mantêm a frequência de comportamentos, tais como, atender um pedido, calar-se, comparecer a uma reunião social e, algumas vezes, até mesmo fazer sexo...? Em geral, estes comportamentos são emitidos numa alta frequência, visando a evitação de críticas ou a zanga e aborrecimento por parte da outra pessoa (estímulos aversivos).

Estes poucos exemplos permitem que se tenha uma noção do quanto o procedimento de *reforçamento negativo* encontra-se presente no controle do comportamento do ser humano.

O procedimento de Reforçamento Negativo implica, provavelmente, no uso anterior de um procedimento de Punição. A partir disto, os organismos encontram formas de comportamentos que retirem, impeçam a ocorrência ou adiem os estímulos aversivos existentes.

1. *Reforçamento negativo:* é o *procedimento* em que há a *retirada ou o adiamento de um estímulo aversivo* após uma dada resposta, produzindo um *aumento na frequência da resposta*.

O *reforço negativo* pode ser definido como o *estímulo aversivo que é retirado ou adiado* (evitado) após a emissão de uma dada resposta, produzindo um *aumento na frequência dessa resposta.*

2. *Fuga e Esquiva*

O procedimento de reforçamento negativo produz dois *tipos de comportamentos*: o *comportamento de fuga* e o *comportamento de esquiva.*

a) Comportamento de fuga: é o *comportamento* que remove (ou retira) um estímulo aversivo presente no momento da sua ocorrência, aumentando de frequência.

b) Comportamento de esquiva: é o *comportamento* que adia ou evita o aparecimento de um estímulo aversivo, aumentando de frequência.

3. *Análise de um exemplo* No dia de uma festa entre amigos, Alessandra prefere ficar em casa para evitar encontrar-se com seu ex-namorado. Em caso dela ir à uma dessas festas, se o ex-namorado aparece, ela sai imediatamente do local para não conversar com ele. Esses comportamentos têm se repetido nessas ocasiões. Nesse caso pode-se identificar o procedimento de *Reforçamento Negativo* para os comportamentos de ficar em casa e de sair da festa, uma vez que os estímulos consequentes estão produzindo um aumento na frequência dos comportamentos de Alessandra. O ato de ficar em casa ilustra um comportamento de *esquiva* e a ação de sair da festa, um comportamento de *fuga.* Os dois paradigmas referentes ao caso apresentados são os seguintes:

a) Procedimento de Reforçamento Negativo levando a um comportamento de esquiva:

S antecedente ————	R ————	S^{R-}
Presença do dia da festa	Ficar em casa	Adiamento de encontro com o ex-namorado

b) Procedimento de Reforçamento Negativo levando a um comportamento de fuga:

S antecedente ————	R ————	S^{R-}
Presença do ex-namorado na festa	Sair da festa	Retirada da presença do ex-namorado

14

RESUMO ESQUEMÁTICO DOS PROCEDIMENTOS ESTUDADOS

O leitor terá uma clareza maior dos conceitos se observar o quadro a seguir que sintetiza os procedimentos básicos utilizados em AEC. Lembre-se que, para definir e/ou identificar um procedimento bem como o nome técnico do estímulo consequente, é importante verificar o que ocorre com o estímulo consequente e o efeito produzido na frequência da resposta.

NOME TÉCNICO DO PROCEDIMENTO	O QUE OCORRE COM O ESTÍMULO CONSEQUENTE	EFEITO SOBRE A FREQUÊNCIA DA RESPOSTA	NOME TÉCNICO DO ESTÍMULO CONSEQUENTE	NOME TÉCNICO DO COMPORTAMENTO
REFORÇAMENTO POSITIVO	O reforçador positivo é apresentado após a resposta	Há um aumento na frequência da resposta	Reforço Positivo (ou reforçador positivo ou estímulo refroçador positivo)	________
EXTINÇÃO	Não há a apresentação do reforço positivo após a resposta	há a diminuição gradual na frequência da resposta	________	________
PUNIÇÃO POSITIVA	O estímulo punitivo é apresentado após a resposta	Há a diminuição na frequência da resposta	Estímulo punitivo ou aversivo	________
PUNIÇÃO NEGATIVA	O reforço positivo é retirado após a resposta	Há a diminuição na frequência da resposta	Estímulo punitivo ou aversivo	________
REFORÇAMENTO NEGATIVO	O estímulo punitivo é retirado ou adiado após a resposta	Há o aumento na frequência da resposta	Reforço negativo (ou reforçador negativo ou estímulo reforçador negativo)	Comportamento de FUGA Comportamento de ESQUIVA

15

BIBLIOGRAFIA RECOMENDADA

Inúmeras são as obras que tratam dos temas da Análise Experimental do Comportamento e Behaviorismo. A seleção foi feita com o intuito de ampliar os conhecimentos, retomar temas abordados neste manual, estimular reflexões sobre os conteúdos apresentados, discutir críticas, sugerir leituras sobre a aplicação dos conceitos, seja na clínica comportamental ou em outras áreas de estudo e aplicação.

Selecionar as leituras não foi uma tarefa fácil. Optou-se pelas apresentadas a seguir — todas em português —, pensando-se em algumas que são amplamente estudadas no meio acadêmico, outras, escritas por pesquisadores renomados, outras ainda, elaboradas por respeitáveis pesquisadores e estudiosos brasileiros, permeando no conteúdo de todas elas a conceituação clara, precisa e relevante para a área em questão.

Muitas outras obras estão certamente disponíveis no mercado, traduzidas para o português, que merecem leitura e consulta. Fica aqui uma tarefa a mais para o leitor: buscar obras relacionadas aos temas, vasculhar bibliotecas e, mais modernamente, passar horas "navegando" nas livrarias ou bibliotecas virtuais. Acredite: é uma atividade que gera um prazer intrínseco à tarefa para os interessados em estudar e conhecer.

Obras gerais e introdutórias sobre a Análise Experimental do Comportamento

ATKINSON, R.L; ATKINSON, R.C.; SMITH, E.E.; BEM, D.J.; NOLEN-HOEKSEMA, S. Introdução à psicologia de Hilgard. trad. Daniel Bueno. 13 ed. Porto Alegre, ARTMED, 2002.

BOCK, A. M. B.; FURTADO, O.; TEIXEIRA, M. L. T. *Psicologias:* uma introdução ao estudo da Psicologia. 13ª ed. reform. e ampl. São Paulo, Saraiva, 2002.

DAVIDOFF, L. L. *Introdução à Psicologia.* São Paulo: Makron Books, 2001.; NOLEN-HOEKSEMA, S. Introdução à psicologia de Hilgard. trad. Daniel Bueno. 13 ed. Porto Alegre, ARTMED, 2002.

Os três livros são obras introdutórias ao estudo da Psicologia e, como tais, tratam dos temas básicos sobre esta área de conhecimento. O mérito mais importante dos autores é proporcionar uma visão geral e sintética das principais contribuições e conceitos de Análise Experimental do Comportamento e do Behaviorismo, no contexto da aprendizagem, condensados em um capítulo, numa linguagem acessível ao repertório de entrada do aluno recém-ingresso no curso de Psicologia.

Obras sobre o histórico e evolução da Análise Experimental do Comportamento

CARRARA, K. *Behaviorismo radical:* crítica e metacrítica. Marília: UNESP/Marília Publicações; São Paulo: FAPESP, 1998.

Trata-se de uma obra completa sobre o pensamento de B. F. Skinner, oferecendo um panorama extremamente vasto da literatura crítica acerca do behaviorismo.

EVANS, R. I. *Construtores da psicologia.* São Paulo: Summus, EDUSP, 1979.

Reúne uma série de entrevistas feitas pelo autor com alguns dos maiores nomes da Psicologia contemporânea. Entre essas entrevistas encontra-se a realizada com B. F. Skinner, no capitulo 7, a qual é um excerto do livro *B. F. Skinner: The man and his ideas.* (*EVANS, R.I. B. F. Skinner: the man and his ideas.* New York: Dutton, 1968).

MARX, M. H. E HILLIX, W. A. *Sistemas e teorias em psicologia.* 10ª ed. São Paulo: Cultrix, 1997.

Discute os sistemas e as teorias em Psicologia. O capítulo 7 do livro, intitulado "Behaviorismo", aborda o tema historicamente, desde as primeiras tendências e a fundação por J.B. Watson. O behaviorismo watsoniano é discutido e comentado com profundidade. O capítulo 10 refere-se às contribuições, e críticas feitas às formulações de B. F. Skinner, bem como sobre seu papel na Psicologia contemporânea.

SCHULTZ, D. P. e SCHULTZ, S. E. *História da psicologia moderna.* 10ª ed. São Paulo: Cultrix, 2000.

Esta obra, um clássico da área, trata da história da Psicologia em termos de suas grandes ideias ou escolas de pensamento, entre elas, a abordagem comportamental – estudada no seu contexto histórico. O capítulo 11 trata dos primórdios da Psicologia Comportamental ou Behaviorismo, descrevendo o pensamento de Watson. Já, o capítulo 12 traz uma descrição extensa e clara sobre as ideias de B.F. Skinner.

CATANIA, A. C. *Aprendizagem:* comportamento, linguagem e cognição. 4ª ed. Porto Alegre: Artes Médicas, 1999.

Enfoca a aprendizagem sob a perspectiva comportamental. Segundo o *Journal of Applied Behavior Analysis*, de 1998, "não tem concorrentes nesse campo...". Além dos princípios de comportamento, aborda tópicos relevantes ao processo de aprendizagem, como o comportamento verbal, resolução de problemas, entre outros, demonstrando que os tipos mais complexos de aprendizagem humana podem ser compreendidos sob a ótica analítico-comportamental.

FERSTER, C. B.; CULBERTSON, S.; PERROT BOREN, M. C. *Princípios do comportamento.* São Paulo: HUCITEC, Global, 1982.

Obra clássica de Análise Experimental do Comportamento que, além da discussão teórico-técnica, fornece exemplos de aplicação dos fundamentos da Psicologia ao comportamento humano, em especial sobre o comportamento verbal e sobre o comportamento de estudar, entre outros, além de interessante exposição sobre o uso prático de procedimentos de condicionamento operante num hospital de doentes mentais.

HOLLAND, J. G.; SKINNER, B. F. *A análise do comportamento.* São Paulo: EPU, 1971.

É escrito em forma de "instrução programada" ou seja, à medida em que se lê cada item referente a conceitos ou exemplos a serem preenchidos, imediatamente se tem a resposta ao referido item. A obra abrange os princípios básicos de Análise Experimental do Comportamento, incluindo o condicionamento respondente, o condicionamento operante, além de temas como emoção, autocontrole, personalidade, entre outros.

MEDNICK, S. A. *Aprendizagem.* Rio de Janeiro: Zahar, 1973.

É um clássico sobre os princípios de aprendizagem na perspectiva comportamental. O capítulo 3 fala especificamente sobre os princípios de aprendizagem, através do Condicionamento Respondente ou Clássico. Seu mérito consiste na narrativa de diversos experimentos realizados com animais e seres humanos, contendo uma descrição completa e extensa sobre os experimentos feitos por Pavlov, incluindo o Condicionamento Respondente de ordem superior

MILLENSON, J. R. *Princípios de análise do comportamento*. Brasília: Editora Coordenada, 1967.

MOREIRA, M.B.; MEDEIROS, C.A. Princípios básicos de análise do comportamento. Porto Alegre, ARTMED, 2007.

Os princípios básicos da análise do comportamento são apresentados. Há ilustrações e o texto mostra aplicações desses princípios. Há ainda atividades de laboratório e um capítulo último sobre Skinner e a análise do comportamento.

Esta obra clássica trata dos princípios e conceitos de Análise Experimental do Comportamento, utilizando uma linguagem científico-técnica precisa e ilustrada com inúmeras pesquisas básicas, com animais, em laboratório..

SKINNER. B. F. *Ciência e comportamento humano*. 6ª ed. São Paulo: Martins Fontes, 1985.

Além da apresentação dos princípios básicos de Análise experimental do Comportamento, Skinner discute a possibilidade de uma ciência do comportamento humano. Na seção intitulada "O indivíduo como um todo" são tratados temas como o auto-controle, o pensamento e os eventos privados. Outras seções discorrem sobre o comportamento dos indivíduos em grupo, as agências controladoras como governo, religião, psicoterapia, controle econômico e educação e, ao final, "O controle do comportamento humano".

SKINNER, B. F. *Questões recentes na análise comportamental*. 2ª ed. Campinas: Papirus, 1995.

É dividido em três partes: questões teóricas, questões profissionais e questões pessoais da Análise Experimental do Comportamento. São discutidos temas como sentimento, pensamento, a escola do futuro, entre outros. Trata-se de um obra para a reflexão teórica envolvida a partir de um conhecimento já adquirido sobre os princípios e conceitos de Análise Experimental do Comportamento.

SKINNER, B. F. *Sobre o behaviorismo*. São Paulo: Cultrix, 1982.

O autor expõe alguns conceitos básicos e discute as implicações do Behaviorismo, além de refutar as críticas a ele dirigidas. Logo na introdução, Skinner expõe 20 afirmações que ele considera como falsas em relação ao Behaviorismo. No decorrer da obra são discutidos assuntos como as causas do comportamento, os comportamentos encobertos, o comportamento verbal, o pensar, o comportamento inato, a questão do controle do comportamento, considerados por alguns como temas polêmicos no Behaviorismo.

STAATS, A. W., STAATS, C.K. *Comportamento humano complexo*. São Paulo, EPU, 1973.

Os princípios relevantes da Análise Experimental do Comportamento são discutidos pelos autores e, tal como em Catania(1999), aborda tópicos relevantes ao processo de aprendizagem complexa, como o comportamento verbal e resolução de problemas, apresentando relatos de experimentos com seres humanos, tendo em vista os conceitos discutidos.

WHALEY D. L.;MALOTT, R. W. *Princípios elementares do comportamento.* 6ª ed. São Paulo: EPU, 1980, v.1.

__________________________.*Princípios elementares do comportamento.* 4ª ed. São Paulo: EPU, 1981, v. 2.

Esta obra, dividida em dois volumes, introduz os princípios básicos da Análise Experimental do Comportamento e sua aplicação prática. Apesar do emprego de uma linguagem, por vezes informal, é interessante por mostrar casos de modificação de comportamento em seres humanos. Cada capítulo é seguido por um resumo e questões de estudo, visando facilitar a compreensão dos conceitos estudados.

Obras sobre observação e registro de comportamento

DANNA, M. F.; MATOS, M. A. *Aprendendo a observar.* 3ª ed. São Paulo, EDICON, 2015.

Descreve a necessidade de observação em Ciência, a importância da linguagem científica e questões essenciais quanto a definições e registro de comportamentos. É ilustrado com uma série de fotos e instruções, programadas para a realização de observações do comportamento humano.

FAGUNDES, A. J. F. M. *Descrição, definição e registro de comportamento.* 17ª ed. São Paulo: EDICON, 2015.

Contém textos didáticos sobre a observação e o registro de comportamento. Seu principal mérito é fornecer subsídios para que o leitor aprenda a observar, descrever e registrar comportamentos sob a forma de exercícios práticos, correspondentes a cada tema teórico.

Obras sobre exercícios e práticas de laboratório em Análise Experimental do Comportamento

GOMIDE, P. I. C.; DOBRIANSKYJ, L. N. Análise experimental do comportamento: manual de laboratório. 2.ed. São Paulo, EDICON; Curitiba, Scientia et labor, 1988.

O livro explica como manter e criar animais destinados a exercícios de laboratório, cuidar dos equipamentos, como elaborar um relatório de pesquisa e as instruções para realizar os exercícios de laboratório, demonstrando os princípios básicos do comportamento.

MATOS, M. A.; TOMANARI, G. Y. Análise do comportamento no laboratório didático. São Paulo: Manole, 2002.

Aborda a experimentação em Análise do Comportamento, no sentindo da execução e análise dos resultados dos experimentos típicos da área, incluindo o estudo dos princípios básicos e de fenômenos complexos.

Obras sobre a aplicação dos princípios e conceitos da Análise Experimental do Comportamento no âmbito da modificação do comportamento

CABALLO, V. E. *Manual de técnicas de terapia e modificação do comportamento.* São Paulo: Santos Livraria e Editora, 1996.

Apresenta as técnicas terapêuticas mais importantes do campo da psicoterapia e modificações de comportamento.

DOBSON, D.; DOBSON, K. S. *A terapia cognitivo-comportamental baseada em evidências.* Porto Alegre, ARTMED, 2010.

São mostradas as teorias e técnicas cognitivo-comportamentais, sempre ilustradas com exemplos de casos e materiais para colocar em prática cada passo da terapia.

MIKULAS, W. L. *Técnicas de Modificação de Comportamento.* São Paulo: Harper & Row do Brasil, 1977.

Tem o mérito de fornecer uma visão geral relativamente breve da modificação de comportamento e mostrar a generalidade dos princípios básicos de Análise Experimental do Comportamento em diversos contextos.

SILVARES, E. F. M. (org.) *Estudos de casos em psicologia clínica comportamental infantil.* Campinas: Papirus, 2000, v. 1 e v.2.

O livro discute, sob a forma de estudos de caso, alguns distúrbios psicológicos infantis, do ponto de vista da teoria comportamental. Como a própria organizadora do livro afirma na apresentação, a obra tem "...o objetivo de integrar a teoria e a prática da psicologia clínica comportamental infantil". O volume 1 é composto de três partes: Fundamentos conceituais, estudos de casos grupais e estudos de casos relativos a problemas de saúde. No segundo volume são descritos nove estudos de caso.

WRIGHT, J.H.; BASCO, M.R.; THASE, M.E. *Aprendendo a terapia cognitivo-comportamental.* Porto Alegre, ARTMED, 2008.

Segundo Aaron Beck, "esta é uma excelente introdução para a aplicação da terapia cognitiva aos problemas emocionais. O texto claro e as ilustrações guiam o leitor através da formulação de caso e de todas as estratégias e habilidades necessárias para se tornar um terapeuta cognitivo competente". Acompanha um DVD ilustrando sessões de TCC.

WOLPE, J. Prática da terapia comportamental. 5ª ed. São Paulo: Brasiliense, 1983.

Obra clássica que aborda a discussão de procedimentos de modificação de comportamento tais como, o treino assertivo, a dessensibilização sistemática, pesquisas sobre procedimento de fluxo e uma análise extensa a respeito de condicionamento operante, entre outros, ilustrados por relatos de pacientes portadores de síndromes específicas relativas à sexualidade, depressão e neuroses de caráter.

Sugere-se também toda a coleção SOBRE COMPORTAMENTO E COGNIÇÃO, da ABPMC - Associação Brasileira de Psicoterapia e Medicina Comportamental. Site: www.abpmc.org.br. Esta coleção reúne textos de vários autores, de exposições em mesas redondas, palestras, etc.

Obras sobre a redação de trabalhos científicos

DI DOMENICO, V. G. C.; CASSETARI, L. *Métodos e técnicas de pesquisa em Psicologia:* uma introdução. 3ª ed. São Paulo, EDICON, 2002.

Este manual apresenta as normas para a elaboração de relatórios científicos e diretrizes básicas para a elaboração de monografias numa linguagem acessível ao estudante recém-ingresso no curso universitário.

D'OLIVEIRA, M. M. H. *Ciência e pesquisa em psicologia.* São Paulo: EPU, 1984.

D'OLIVEIRA, M. M. H. *Ciência e pesquisa em psicologia.* Sugestões de atividades, São Paulo: EPU, 1984.

O primeiro livro discute a Ciência e a Pesquisa e introduz o leitor nos passos do planejamento de uma pesquisa, a coleta, análise e interpretação de dados, além da comunicação dos dados através de um relatório de pesquisa. A autora fornece três exemplos de relatórios prontos de pesquisa e uma lista de periódicos brasileiros especializados em Psicologia, ao final do livro. O segundo livro contém um material auxiliar para a utilização da primeira obra em sala de aula, contribuindo para o aproveitamento dos alunos e para a programação do curso.

Filmes

LARANJA MECÂNICA (1971), direção: Stanley Kubrick – Inglaterra.

Trata-se de um filme de ficção sobre um grupo de jovens delinquentes que praticam atos de violência e têm prazer com esta prática. Apesar de seu conteúdo e mensagem receberem inúmeras interpretações, destaca-se a cena em que um dos jovens é preso e submetido a um processo que visa a eliminação de sua conduta agressiva. Embora, do ponto de vista ético, tal procedimento seja totalmente inadequado, este segue os princípios básicos do Condicionamento respondente: a visão de filmes e cenas de violência é associada à administração de uma substância química que provoca náuseas, vômitos e taquicardia no indivíduo, até o momento em que a simples exposição, deste indivíduo às cenas de violência ao vivo, passa a eliciar estes comportamentos respondentes.

NELL (1994), direção: Michael Apted – USA.

Nell, uma mulher com 30 anos (início do filme), foi criada por sua mãe num local ermo, afastada de qualquer contato com pessoas. A mãe que, em função de um derrame fica paralítica, anos mais tarde, morre. Nell continua vivendo neste lugar sozinha. Conhece, então o Dr. Lovell, médico encarregado de zelar por sua integridade, e a Dra. Paula, psicóloga que insiste em integrá-la à realidade, e fazem inicialmente um trabalho para compreender o que se passa com Nell e chegar a um diagnóstico sobre o seu quadro. Neste filme pode-se observar a utilização de diferentes procedimentos de modificação de comportamento, fundamentados na Análise Experimental do Comportamento, tais como: a modelagem para o comportamento de falar o inglês fluente; reforçamento positivo e negativo para o comportamento de sair de dentro da casa onde mora, durante o dia; reforçamento positivo em diversas situações, dessensibilização sistemática para situações ligadas à descoberta da sexualidade. O filme também permite uma profunda reflexão sobre a questão ética relativa à utilização de alguns procedimentos por parte dos profissionais.

Estes são dois filmes clássicos, que podem ser analisados sob o ponto de vista da análise do comportamento. Há muitos outros, é claro.

Farias, A.K.C.R; Ribeiro, M.R. (Org.) *Skinner vai ao cinema.* Santo André, São Paulo, ESEtec editores associados, 2007.

2ª PARTE
EXERCÍCIOS

Estes exercícios são compostos de perguntas teóricas, – por exemplo, definições de procedimentos – além de situações envolvendo casos simples do cotidiano para serem analisados funcionalmente, tendo em vista o tema abordado especificamente pelo exercício e, por vezes, incluindo assuntos já tratados em partes anteriores deste livro.

O professor pode propor a execução do exercício como atividade intra ou extrasala de aula, após a leitura prévia e discussão teórica dos conceitos abordados.

1

A ANÁLISE EXPERIMENTAL DO COMPORTAMENTO: ALGUMAS CONSIDERAÇÕES

1. O que você entende por *relação funcional*?
2. Defina VI e VD.
3. A Análise Experimental do Comportamento (AEC) estabelece relações funcionais entre quais variáveis?
4. Quais os *eventos determinantes do comportamento*? Qual deles é enfatizado pela Análise Experimental do Comportamento?
5. O que significa *causação múltipla*?
6. Como tem sido definido o *comportamento*, tendo-se em vista a abordagem da Análise Experimental do Comportamento? E como tem sido definida a Psicologia?
7. Discuta a afirmação em relação aos itens *(a)* e *(b)*: "Para ser um objeto de estudo adequado à investigação científica, o comportamento *deve ser:*
   (a) Passível de observação direta; e
   (b) Passível de medida precisa.
8. De que forma têm sido estudados os *eventos privados* (ou os *comportamentos encobertos)* pela Análise Experimental do Comportamento?
9. Em relação a cada uma das frases dadas a seguir, identifique se elas exprimem comportamento *(C)*, se não exprimem comportamento *(NC)* ou se exprimem um evento privado *(EP)*. Justifique cada uma delas, usando os devidos termos técnicos.
   a) Kátia é paciente da Dra. Viviane há dois anos.
   b) Às terças-feiras, ela vai ao consultório, de carona com seu marido.

c) Ela toca a campainha às 14h45.
d) Kátia é avisada pela secretária para aguardar na sala de espera.
e) Ela fica pensando sobre os problemas ocorridos durante a semana.
f) Ela pega uma revista,
g) e lê uma reportagem que lhe chama a atenção.
h) O tempo passa rapidamente.
i) Às 15h ela entra na sala da terapeuta.
j) Kátia senta-se e fala, aproximadamente 20 minutos, sobre o que aconteceu durante a semana.
k) Ela é interrompida pela terapeuta.
l) Kátia fica muito nervosa e
m) diz que está cansada de ser agredida pela sogra.
n) Após uma breve pausa, ela relata à psicoterapeuta que o problema é com ela e não com a sogra.
o) Kátia é aconselhada pela terapeuta a repensar sobre seu relacionamento com a sogra.

10. Em relação ao relato da *questão 9*, a expressão "*ficar muito nervosa*" pode ser considerada como uma descrição satisfatória? Justifique sua resposta.

11. O que se poderia fazer para que a expressão "*ficar nervosa*" (durante a sessão de terapia) pudesse ser considerada como satisfatória e compreensível objetivamente?

12. Faça uma *definição operacional*, utilizando pelo menos dois comportamentos, para cada uma das situações dadas a seguir:

a. "*Ficar nervosa*" frente a uma afirmação da terapeuta, durante a sessão de terapia.
b. "*Demonstrar desinibição*", durante uma entrevista feita por um psicólogo de candidatos a vendedores de produtos farmacêuticos.
c. Durante o período de atividade livre com brinquedos, em sala de aula (crianças de quatro anos), "*interagir com outro(s) colega(s)*".
d. "*Ser agressivo*" com o professor, ao ser impedido de entrar no laboratório após o início dos experimentos daquela aula.

13. Em relação às definições operacionais elaboradas na *questão 12*, você acha que o fato de estarem citados dois comportamentos em cada uma delas, ficam esgotados todos os comportamentos que poderiam compor cada uma das definições operacionais pedidas? Justifique sua resposta.

2

CONDICIONAMENTO RESPONDENTE

1ª e 2ª partes

1. Defina *estímulo*.

2. Cite as características dos comportamentos respondentes e dos comportamentos operantes.

3. Enuncie cada uma das *leis do reflexo*, usando os devidos termos técnicos.

4. a. Um estímulo que elicia uma resposta sem qualquer associação prévia é chamado ________________________. (Dê o seu nome técnico).

   b. Outros estímulos adquirem seu poder de eliciar respostas somente depois da associação ou pareamento com outros estímulos. Após a associação, esses estímulos são chamados ________________________. (Dê o seu nome técnico).

5. Nos exemplos abaixo, diga o nome do reflexo envolvido e coloque os dados no paradigma do respectivo reflexo.

   a. Fernando tem taquicardia diante do barulho forte e súbito de rojões.
   b. Cristina treme, frente a uma barata.
   c. Diante de notícias sobre sequestro, Gilberto sua e empalidece.
   d. Karen treme e tem taquicardia diante de sirenes de ambulância.
   e. Júlia arrepia-se diante de uma forte rajada de vento.
   f. Diante da banca examinadora, Marcela empalideceu, tremeu e teve taquicardia.
   g. Jorge tem ânsia de vômitos e começa a suar e tremer, ao entrar na recepção do Pronto Socorro de um hospital.
   h. Quando a temperatura ambiente está acima de 38º C, Simone começa a suar.

i. O aluno treme, enrubesce e tem taquicardia, quando o professor anuncia uma prova surpresa.
j. Frente ao ruído muito forte e alto dos motores de um avião, Rafael treme e transpira.
k. Assim que viu a motocicleta amassada caída no chão, Ricardo teve falta de ar e começou a transpirar.
l. Ao ver dois pivetes com "jeito de assaltantes", Camila começou a tremer.
m. Joyce começa a salivar abundantemente assim que se depara com o cardápio do restaurante.
n. Diante do som da broca do dentista na sala de espera, o paciente começa a tremer e a ter náuseas.
o. Sofia começou a suar e tremer diante do seu instrutor de autoescola.

6. Retome o *item (m)* do exercício anterior e construa o *paradigma completo do condicionamento respondente*, colocando os dados do caso apresentado, a partir da possível associação que o originou.

7. Diante dos puxões de orelha e tapas na cabeça, dados por sua professora, Lúcia apresentava as seguintes reações: chorar, tremer e transpirar *(I)*.

   Isso ocorreu em outras ocasiões e hoje, frente à simples presença desta professora (mesmo quando ela não está puxando as orelhas ou dando tapas), Lúcia treme e transpira *(II)*.

   a. *Construa o paradigma completo* deste caso, utilizando os termos técnicos e os dados do caso.
   b. *Descreva o procedimento* ilustrado pelo paradigma construído, usando os termos técnicos.
   c. Que *tipo de reflexo* está ilustrado em (I)? Dê o seu nome técnico. Defina-o.
   d. Que *tipo de reflexo* está ilustrado em (II)? Dê o seu nome técnico. Defina-o.
   e. Qual o *nome técnico do procedimento* envolvido no caso da Lúcia?

8. Para cada um dos casos dados a seguir, construa o paradigma completo do condicionamento respondente:

   a. Durante o período em que ficou sequestrado, Daniel foi submetido a inúmeras agressões físicas (tapas, pontapés etc) e isso o fazia tremer, suar e ter taquicardia. Atualmente, já libertado, quando Daniel se depara com conversas sobre sequestros, ele, ele começa a ter taquicardia.
   b. Uma criança começou a suar, a tremer e a ter taquicardia na presença de um barulho muito forte e inesperado de um trovão. Nesta mesma ocasião, a luz de sua casa havia

acabado e tudo estava escuro. Agora, a criança apresenta esses mesmos comportamentos quando está escuro.

c. Marina teria um fim de semana promissor na praia: ela iria fazer um longo passeio de barco com seus amigos. No entanto, durante o passeio, o balanço do barco fez com que Marina vomitasse o tempo todo. Atualmente, quando em presença de barcos ou quando alguém fala sobre barcos, Marina começa a ter ânsia de vômitos.

d. Após ter sido mordida pelo seu rato, no exercício de laboratório, Beatriz chorou, tremeu e teve taquicardia. Hoje, quando chega ao laboratório ou diante de comentários sobre ratos, ela treme e tem taquicardia.

e. Débora teve um acidente na Rodovia dos Bandeirantes e, com uma fratura exposta na perna, gritou, chorou, tremeu, ficou transpirando, teve taquicardia e desmaiou. Agora, frente à visão de uma cena de acidente automobilístico, ela já começa a tremer, transpirar e ter taquicardia.

f. Após ter sido agredido fisicamente na arquibancada do estádio do Morumbi, Sérgio treme e tem taquicardia, quando chega nas proximidades do estádio ou com conversas sobre futebol.

8. Mônica levou o seguinte problema a seu terapeuta: hoje, na presença de homens e bebidas, ela começa a suar, ter taquicardia e tremer. (Isso estava atrapalhando seu relacionamento com pessoas do sexo masculino e com seus amigos em geral). Conversando muito com seu terapeuta, descobriu que: quando pequena, apanhava muito de seu pai e, enquanto isso, a bebida sempre estava lá presente, junto com seu pai bêbado.

   a. Em relação a este caso, construa o paradigma que *inicialmente* proporcionou as primeiras associações a Mônica, quando ela era ainda pequena.

   b. Levante pelo menos uma hipótese sobre o que teria levado Mônica a, atualmente, apresentar esses mesmos comportamentos frente a outros homens, que não o seu pai.

3

CONDICIONAMENTO OPERANTE: ANÁLISE DE CASOS NA TRÍPLICE CONTINGÊNCIA

S antecedente: refere-se às situações-estímulo frente às quais o comportamento ocorre – Em que situações o comportamento ocorre? (Ocasiões, acontecimentos, locais, pessoas, objetos etc.)

Resposta: sinônimo de comportamento – qual a ação emitida?

S consequente: estímulos que seguem a ocorrência do comportamento. – O que acontece após a emissão do comportamento? (Apresentação de, não apresentação de, retirada de.....)

Para que não cometa muitos equívocos, orienta-se que você inicie a análise identificando sempre o sujeito e a *resposta* (ou comportamento emitido) – objeto da análise – para depois identificar os outros dois termos (S antecedente e S consequente).

1. Analise os casos a seguir, completando o quadro.

CASO	S ANTECEDENTE	RESPOSTA	S CONSEQUENTE
a.	*Presença do horário das lições + presença da mãe no quarto*	*Chorar*	*Apresentação da atenção*
b.			
c.			
d.			
e.			

a. Na hora de fazer lições e com sua mãe presente no quarto, Denise chora e sua mãe lhe dá toda a atenção.
b. Em sua casa, durante a hora do almoço, Solange pediu o carro emprestado ao seu pai e este a autorizou a usá-lo.
c. Patrícia pede um esclarecimento à sua colega e esta não lhe dá o esclarecimento, na discussão em grupo em sala de aula.
d. Às quartas-feiras, na aula de Matemática e com o professor presente, Thiago entrega o exercício e recebe uma marca positiva para a sua nota de conceito.
e. O aluno conversou com o colega durante a aula expositiva e recebeu uma advertência verbal do professor na aula expositiva.

2. O que é a tríplice contingência? Explique a que se refere cada um de seus termos.

3. Construa o paradigma da tríplice contingência.

4. O que significa: "os comportamentos operantes são controlados pelos seus estímulos consequentes"?

5. O que é sempre necessário identificar para se definir ou analisar um procedimento de condicionamento operante? Explique cada um dos requisitos.

6. Vamos fazer a análise de um caso, colocando-o no paradigma da Tríplice Contingência:

Sempre que Letícia pede a Luíza que digite o trabalho da faculdade, Luíza a atende. Responda:

a. Qual o sujeito a ser analisado no caso?
b. Qual a ação (comportamento = R) emitida por esse sujeito?
O estímulo antecedente para esse comportamento é *Presença de*............................
c. O estímulo consequente, que ocorre imediatamente após a resposta é *Apresentação de*......................................
d. Qual o efeito obtido sobre a frequência dessa resposta (comportamento)?
e. Construa o paradigma completo para o caso, usando os termos técnicos (a tríplice contingência) e colocando, abaixo de cada termo, os dados do caso.

4

REFORÇAMENTO POSITIVO

1. Defina usando os devidos termos técnicos:
   - Reforçamento positivo; e
   - Reforçador (ou reforço) positivo.

2. O que pode acontecer se o reforçador positivo não for liberado logo após uma dada resposta?

3. Discuta a frase: "*O que é estímulo reforçador para uns, pode não ser para outros*".

4. Tendo-se em vista a *situação* em que será usado um dado reforçador positivo para uma determinada resposta, que cuidados devem ser tomados quanto à escolha desse reforçador?

5. O que se deve fazer se for necessário o uso de reforçadores artificiais na situação envolvida em um determinado caso?

6. Vamos fazer um estudo detalhado de caso, envolvendo um comportamento operante, o qual será analisado na tríplice contingência.

   Sempre que bato o garfo no prato, na porta da cozinha, meu cachorro senta-se a meu lado e eu lhe dou alguma comida.

   a. Qual o sujeito a ser analisado no caso?
   b. Qual a ação executada por esse sujeito *(R)*?
   c. Em que situação esta resposta ocorre *(S antecedentes)*?
   d. O que ocorre imediatamente após a resposta *(S consequente)*?
   e. O que ocorre com a frequência da resposta *(efeito)*?
   f. Levando-se em conta o que ocorre com o estímulo consequente e o efeito obtido sobre a frequência da resposta, qual o nome técnico do *procedimento* em vigor neste caso?
   g. Construa o paradigma completo relativo ao procedimento envolvido, usando os termos técnicos e colocando os dados do caso, usando os itens *(b)*, *(c)*, *(d)*.

7. Coloque cada um dos exemplos dados a seguir no paradigma do procedimento de reforçamento positivo.
   a. Sempre que Érika queixa-se de dores para sua mãe e sua irmã, estas lhe perguntam se quer remédio, se melhorou etc.
   b. Letícia pede tudo gritando quando está em sua casa, principalmente quando sua mãe está por perto. Sua mãe acaba atendendo seus pedidos e a menina continua a pedir gritando...
   c. Tatiana tinha o péssimo costume de mentir para sua patroa. Sempre que isso acontecia, sua patroa aceitava suas mentiras. Tatiana continuava a mentir.
   d. Depois do jantar, Bruno frequentemente pede para seu pai para brincarem e seu pai aceita o convite.
   e. Todas as vezes que proponho alguma mudança na empresa, em uma reunião com meu chefe, ele me elogia e ordena que a mudança seja feita imediatamente. Com isso, sempre que não concordo com algo, proponho uma mudança...
   f. Sempre que Carla chega atrasada no laboratório de Psicologia Experimental, ela conta uma "história triste" a seu professor. Ele permite que Carla entre atrasada na sala. Ela continua contando suas "histórias tristes" ao professor quando está atrasada.
   g. Sandra tem seis anos e desenvolveu um hábito preocupante: quando sua mãe começa a brigar com ela, ela começa a tossir. Sua mãe acaba pegando-a no colo e acariciando-a. Esse comportamento sempre se repete nessa situação.
   h. Durante a aula, sempre que um aluno faz uma pergunta pertinente à professora, ela responde à pergunta e elogia o aluno. Com isso, os alunos sempre fazem perguntas à professora.
   i. Na escola, sempre que Vanessa, ou qualquer aluno, expõe uma ideia interessante ou verbaliza adequadamente sobre seus direitos, as professoras escutam e aceitam as exposições deles. Os alunos dessa escola costumam sempre a expor suas ideias e lutam por seus direitos adequadamente.

8. Em relação ao *item (i)* da questão anterior, responda:
   a. Quais comportamentos estão sendo analisados?
   b. Quais os estímulos consequentes desses comportamentos? Qual é o nome técnico desses estímulos? Defina o nome técnico dado a esses estímulos, usando os termos técnicos.
   c. Qual o efeito obtido sobre a frequência das respostas?
   d. Qual o nome técnico do procedimento usado pelas professoras? Defina esse procedimento, usando os devidos termos técnicos.

5

ANÁLISE DE CASOS: REFORÇAMENTO POSITIVO E CLASSIFICAÇÃO DE REFORÇADORES

1. Defina *reforçador* (ou *reforço*) *incondicionado*. Dê um exemplo desse tipo de reforçador.
2. Defina *reforçador condicionado simples*. Dê um exemplo desse tipo de reforçador e justifique sua resposta, com base no seu exemplo, identificando também a possível associação ocorrida.
3. Defina *reforçador condicionado generalizado*. Dê um exemplo desse tipo de reforçador e justifique sua resposta, com base no seu exemplo, identificando as possíveis associações ocorridas.
4. Por que pode ser mais vantajoso utilizar um *reforçador condicionado generalizado* ao invés de um *reforçador condicionado simples*?
5. Se um *reforçador condicionado simples* ou *generalizado* não for mais associado a qualquer outro reforçador, o que acontecerá com sua propriedade reforçadora? O que isso significa?
6. Para cada um dos casos relatados a seguir:
   a. Construa o paradigma completo, colocando os termos técnicos e os dados do caso, utilizando somente o reforçador imediato da resposta.
   b. Qual o efeito obtido sobre a frequência desse comportamento?
   c. Qual o estímulo consequente imediato para essa resposta? Dê o seu nome técnico.

d. De que tipo é o reforçador identificado em c (dê o seu nome técnico completo). Justifique sua resposta, usando os termos técnicos assim como os dados do caso.

e. Qual o nome técnico do procedimento envolvido?

(I). Na aula, sempre que Thaís consegue falar uma frase correta em inglês, ela ganha uma marca "X" na avaliação de exercícios do trimestre. A cada 20 marcas, o professor lhe atribui um conceito "Bom" na nota. Com isso, ela tem se empenhado cada vez mais nas aulas de inglês.

(II) Um rato foi treinado a pressionar a barra, em uma caixa de Skinner, e cada vez que isso ocorria, havia o "clique" do bebedouro, após a ocorrência do comportamento. Além disso, uma gota de água era liberada no bebedouro. O animal passou a pressionar a barra cada vez mais.

(III) Sempre que pago o seguro de meu carro, no mês de maio na seguradora, recebo um novo cartão magnético da companhia. Com a apresentação deste novo cartão, posso ter descontos em estacionamentos conveniados, uso do guincho e consertos de batidas etc. Continuo a pagar sempre meu seguro em dia.

(IV) Passei a alugar meus vídeos e DVDs sempre na mesma locadora. Isso porque cada vez que eu alugo uma fita de vídeo ou DVD, recebo um cupom. Juntando dez cupons, posso ter uma locação grátis.

(V) Uma professora instituiu o seguinte sistema em uma classe de 2ª série: as crianças deveriam fazer uma dada tarefa no caderno, durante a aula. Terminada a tarefa, elas ganhavam um cartãozinho colorido. Com esse cartãozinho, cada uma das crianças poderia escolher uma atividade diferente para ser realizada nos últimos 15 minutos de aula, como pintura com lápis de cera, leitura de um livro de histórias, troca de figurinhas de álbuns com colegas, uso de quebra-cabeças. Eles têm sempre feito as tarefas propostas em aula.

(VI) Dona Soraia sempre adquire seus remédios na farmácia da esquina de sua casa. A cada compra, ela ganha um bônus de 15% no valor da nota fiscal e pode usá-lo somente na aquisição de outros remédios nessa mesma farmácia.

(VII) Cada vez que Cláudio (menino morador de uma favela próxima) limpa o jardim da casa do senhor Afonso, este lhe dá dois pacotes de biscoitos e macarrão. Cláudio, constantemente se prontifica a limpar o jardim da casa.

6

EXTINÇÃO DE RESPOSTAS

1. Defina o procedimento de *extinção*, usando os devidos termos técnicos.
2. Quais as características típicas de um comportamento em extinção, em termos de sua frequência, ao longo do procedimento?
3. O que se pode concluir se, após a não apresentação de um estímulo que ocorre após um comportamento a ser eliminado, este comportamento permanece com sua frequência inalterada, ou seja, não diminui? (Use os devidos termos técnicos em sua resposta.)
4. Para cada um dos exemplos dados a seguir, construa o paradigma completo do procedimento envolvido, colocando também os dados referentes ao exemplo. Dê o nome técnico do procedimento que está sendo tratado.
   a. No começo de sua vida de casada, Fabiana passava as tardes cozinhando. Quando o marido chegava, ele a elogiava e ela continuava a preparar pratos variados para o jantar.
   b. Depois de um tempo de casada, à tarde, Fabiana ficava cozinhando para o marido, porém quando ele chegava, não fazia mais aqueles elogios. Com o tempo, Fabiana foi deixando de preparar pratos variados para o jantar.
   c. Quando na presença de seus pais, Flávio pronunciava palavras e frases de forma incorreta, estes o corrigiam e lhe davam uma "bronca". Flávio continuava a falar errado.
   d. Depois, aconselhados por um psicólogo, quando Flávio pronunciava palavras e frases de forma incorreta, seus pais não o corrigiam mais e nem lhe davam mais broncas. Parece que Flávio está deixando de falar de forma tão errada.
   e. Ao mesmo tempo, o psicólogo orientou que, quando este falasse algo de forma correta na presença dos pais, estes deveriam elogiá-lo e prestar atenção ao que Flávio estava lhes dizendo. Isso fez com que Flávio falasse cada vez mais corretamente.

f. Um rapaz que não trabalha (e nem sequer pensa em fazê-lo...), pede dinheiro a seus pais e estes atendem a seu pedido. Ele, é claro, continua insistindo em pedir dinheiro a eles.
g. Este mesmo rapaz, também recebia dinheiro de seus avós. Atualmente, no entanto, quando pede dinheiro a estes, não o recebe mais. Ele parou de pedir dinheiro aos avós.
h. O professor de Larissa resolveu não mais lhe dar presença (que anteriormente era dada) quando ela chegasse atrasada nas aulas. Ela parou de chegar atrasada e passou a chegar na hora certa.
i. No intervalo do trabalho, Liliam sempre conta seus problemas de relacionamento com o marido à sua amiga de serviço, Roberta, e esta a escuta e até lhe dá alguns conselhos.
j. Roberta, "cansada do papo" de Liliam, não lhe dá mais atenção, quando esta lhe conta os seus problemas conjugais. Liliam deixou de falar sobre os seus problemas durante os intervalos de trabalho.

5. Cada vez que o estagiário de Psicologia de uma instituição levava Paulinho para uma sessão de treino, logo após a hora do almoço, ele chorava e se recusava a acompanhá-lo. O estagiário o pegava no colo e conversava com ele. Ele chorava e se negava a acompanhá-lo cada dia mais...
   a. Construa o paradigma completo do procedimento que está em vigor, colocando os termos técnicos e os dados do caso do Paulinho.
   b. Diga o nome técnico do procedimento envolvido no *item (a)* e defina-o, usando os devidos termos técnicos.
   c. Para eliminar esses comportamentos de Paulinho, qual o nome técnico do procedimento que o estagiário poderia usar? Defina esse procedimento, usando os termos técnicos.
   d. Construa o paradigma completo do procedimento citado no *item (c)*, usando os termos técnicos e colocando os dados do caso.
   e. Qual o efeito típico produzido pelo procedimento sugerido no item (c)?
   f. Qual o nome técnico do estímulo consequente do procedimento citado em (b)? Defina-o, usando os termos técnicos.

7

REFORÇAMENTO DIFERENCIAL

1. Defina, usando os devidos termos técnicos:
   a. *Classe de respostas*
   b. *Reforçamento diferencial*
   c. *Diferenciação de respostas*
   d. *Resposta diferenciada*

2. No início do ano letivo, o professor procurava variar a técnica de dar aulas: às vezes, conduzia as aulas utilizando exposição oral do conteúdo; outras vezes, usava o recurso visual do retroprojetor; outras, dava aulas com esquemas na lousa e ainda outras vezes, realizava discussões de textos em grupos com os alunos. Ele observou que os alunos somente prestavam atenção quando ele dava aulas acompanhadas de esquemas na lousa. Agora, esse professor só dá aulas acompanhadas de esquemas na lousa. Responda:
   a. Em relação ao professor, qual a classe de respostas envolvida? Cite quatro respostas dessa classe de respostas, baseando-se no relato acima. Defina classe de respostas, usando os termos técnicos.
   b. Qual o nome técnico do procedimento responsável pela modificação do comportamento do professor? Defina-o, usando os termos técnicos.
   c. Nessa classe de respostas, qual resposta pode ser considerada como a resposta diferenciada? Defina resposta diferenciada, usando os termos técnicos.
   d. Usando os termos técnicos, diga qual o resultado do procedimento realizado com o professor. Dê o nome técnico desse resultado.

3. Minha filha já aprendeu a "guardar seus brinquedos" após a brincadeira. No entanto, às vezes ela os coloca no armário do escritório, às vezes em uma estante que há no escritório, às vezes no armário de seu quarto e até já encontrei brinquedos guardados nas gavetas da escrivaninha e das roupas. Eu gostaria que ela apenas os guardasse na estante do escritório, designada para tal. Responda:
   a. Em relação a essa criança, qual a classe de respostas envolvida? Cite cinco comportamentos pertencentes a essa classe de respostas.
   b. Qual o nome técnico do procedimento que poderia ser utilizado para se alcançar o objetivo da mãe da criança? Por que você escolheria esse procedimento?
   c. Nesse procedimento, qual seria a resposta diferenciada? O que deveria ocorrer com essa resposta, em termos do que seria feito com o estímulo consequente e em termos de frequência?
   d. Qual o nome técnico do resultado que se espera obter? Descreva-o, usando os devidos termos técnicos.

4. Em que casos pode-se optar pelo uso do procedimento de Reforçamento Diferencial?

8

MODELAGEM

1. Um menino que frequenta a 2ª série do ensino fundamental, já alfabetizado, está apresentando um baixo desempenho em Língua Portuguesa, entre outros motivos, porque não consegue fazer redações. Um psicopedagogo que segue a abordagem comportamental vai intervir neste comportamento.

   a. Por que o procedimento mais adequado para superar este problema é a Modelagem?

   b. Defina, usando termos técnicos, como é feito o procedimento (citando os passos e a forma de liberação do reforço positivo).

   c. Numere, em ordem crescente, os espaços entre parênteses, de forma a estabelecer a sequência mais adequada dos comportamentos, tendo como finalidade o objetivo terminal (comportamento final) a ser atingido na modelagem (eles estão fora de sequência):

      ( ) O psicopedagogo escreve o início da história sobre a gravura e a criança completa por escrito o meio e o final (da história).

      ( ) A criança conta uma história sobre uma gravura, verbalmente.

      ( ) Baseada na gravura, a criança escreve uma determinada quantidade de frases simples contendo sujeito e predicado.

      ( ) A criança escreve sozinha uma história, contendo 15 a 20 linhas com começo, meio e fim.

      ( ) O psicopedagogo escreve o começo e o meio da história sobre a gravura e ela escreve o final.

      ( ) A criança escreve uma determinada quantidade de palavras que estejam relacionadas com a gravura.

   d. Diga o nome técnico que recebe cada um dos comportamentos abaixo, explicitando os <u>critérios para a escolha</u> de cada um deles no procedimento de modelagem:

      - O comportamento numerado como (1) na sequência acima?
      - O comportamento numerado como (6) na sequência acima?
      - Os comportamentos numerados de (2) até (5) na sequência acima?

e. O psicopedagogo fez um levantamento dos seguintes reforçadores potenciais para esta criança:

(I) Andar de bicicleta

(II) Tampinha promocional de refrigerante

(III) Andar de skate no Ibirapuera

(IV) Elogios

(V) Assistir TV

(VI) figurinhas de super-heróis

No início do procedimento, somente os itens *(II), (IV) e (VI)* seriam os mais viáveis para se utilizar durante o procedimento de Modelagem. *Explique o porquê.*

f. Explique o que deveria ser feito para viabilizar a utilização dos outros reforçadores *(I), (III) e (V).*

g. Coloque verdadeiro ou falso e *justifique* o julgamento feito para a afirmação abaixo:

"No procedimento de Modelagem é suficiente que se reforce uma vez cada resposta (levantadas no *item – c*)."

2. Leia o caso: Telma frequenta o pré-primário há uma semana. Seus colegas já recortam figuras de objetos, pessoas e animais, mas ela não o faz. Observou-se que Telma segura a tesoura corretamente mas, sozinha, não consegue recortar. A professora quer que ela aprenda a recortar figuras de objetos, pessoas e animais. Respondendo às perguntas que se seguem, você fará o planejamento desse procedimento.

   a. Qual o nome técnico do procedimento a ser usado no caso? Justifique.
   b. Especifique com detalhes o comportamento a ser instalado e dê o seu nome técnico.
   c. Qual comportamento inicial deveria ser escolhido, de acordo com o relato?
   d. Justifique a escolha desse comportamento inicial, valendo-se dos critérios para a escolha de tal comportamento.
   e. Levante uma série de comportamentos consecutivos a serem reforçados, colocando tantos comportamentos intermediários quantos achar necessários para atingir o objetivo.
   f. *Cite um reforço positivo* potencial adequado a ser usado nesse caso, tendo em vista a situação ambiental que Telma se encontra, e *em que momento* ele seria liberado?

3. Uma criança não sabe ainda vestir sua camiseta sozinha. Observou-se que ela já pega a camiseta em suas mãos. Havendo a necessidade de ensiná-la a vestir a camiseta sozinha, responda:

a. Qual o nome técnico do *procedimento* que poderia ser usado? Especifique os passos envolvidos e quais as duas utilidades desse procedimento.

b. Qual *comportamento inicial* você escolheria, baseado no relato?

c. Cite os possíveis *comportamentos intermediários*. Qual o critério para a escolha destes comportamentos intermediários?

d. Qual o *comportamento terminal* a ser instalado? Quais os critérios para a escolha do comportamento terminal?

4. Esta questão serve somente para alunos que executam exercícios no laboratório. Em um dos experimentos, realizados no laboratório com o rato, é utilizado o procedimento de Modelagem. Descreva, usando os devidos termos técnicos, esse procedimento realizado, identificando:

- O comportamento terminal;
- O comportamento inicial;
- Os comportamentos intermediários possíveis; e
- O reforçador positivo usado.

5. Esta questão é para ser pensada e discutida mais do que para ser redigida por escrito: você acha que é possível treinar uma criança excepcional, mesmo quando ela já tiver sido rotulada, por exemplo, como "retardada profunda" ou outro diagnóstico?

- Para tentar algum treino possível com essa criança, você se basearia exclusivamente no "rótulo" que lhe foi dado? Justifique a sua resposta.
- Que procedimento poderia ser usado com essas crianças para a aprendizagem de novos comportamentos?

9

ESQUEMAS DE REFORÇAMENTO

1. Para cada um dos exemplos dados a seguir, identifique:
   a. O comportamento
   b. O reforço positivo que mantém esse comportamento
   c. O nome técnico do *procedimento* envolvido
   d. O *esquema de reforçamento* envolvido
   e. Justifique o item d, usando os termos técnicos bem como os dados do caso.

   (I) Tive que abrir inúmeras garrafas de refrigerante até que encontrei uma tampinha premiada.

   (II) Todas as vezes que peço um favor a Francisco, ele me atende.

   (III) Ligo a TV todos os dias às 20h30 para assistir ao Jornal Nacional.

   (IV) Um vendedor ambulante de rua tem que oferecer suas flores a várias pessoas até que uma delas as compre.

   (V) Tenho que abrir a porta do forno para verificar se a torta está assada. Ela demora de 30 a 40 minutos em média para assar.

   (VI) A cada exercício feito adequadamente, é atribuída ao aluno uma nota de conceito.

   (VII) A cada vinte embalagens vazias de um determinado produto que a dona de casa junta, elas podem ser trocadas por um livro de receitas culinárias econômicas.

   (VIII) É necessário testar o encaixe de uma peça, entre as várias peças de um quebra-cabeças, até encontrar a peça correta que complete uma parte do desenho.

   (IX) Tenho que telefonar diariamente para meu namorado, mas somente entre 14 e 14h30, para encontrá-lo em casa.

(X) Cada vez que introduzo o passe do metrô no local a ele destinado na catraca, ela fica liberada.

(XI) A cada cinco palitos de sorvete marcados, a criança pode trocá-los por um outro sorvete.

(XII) Um aluno deve dirigir-se à sala dos professores para encontrar o professor de Educação Física. No entanto, o professor pode aparecer na escola a qualquer dia da semana, não definido, mas somente entre às 16 e 19 horas.

(XIII) Fábio aposta na máquina de fliperama diversas vezes até fazer o maior número de pontos, batendo o recorde do dia.

(XIV) Na hora do banho, Roseli tem que chamar sua filha em média sete vezes, até que ela atenda a seu chamado.

2. Comparando-se os esquemas de reforçamento contínuo e os esquemas de reforçamento intermitente, qual deles é mais resistente à extinção? O que isso significa?

3. Se aumentarmos muito uma determinada razão, estaremos cometendo um erro denominado ______________________________. Se isto ocorrer, o que poderá acontecer com a frequência da resposta? O que deve ser feito para isso ser evitado?

4. Os esquemas mais adequados para se usar logo após a fase de instalação de uma determinada resposta são os ____________________________ (dê o nome técnico). Os esquemas mais adequados para se utilizar para a manutenção de uma dada resposta, são os ___________________________ (dê o nome técnico).

5. Cite as características típicas dos comportamentos mantidos em:

   a. FR:____

   ____

   b. VR:____

   ____

   c. FI:____

   ____

   d. VI:____

   ____

10

CONTROLE DE ESTÍMULOS: DISCRIMINAÇÃO DE ESTÍMULOS E GENERALIZAÇÃO DE ESTÍMULOS

1. Responda, usando os devidos termos técnicos:
   a. Descreva no que consiste o *procedimento de treino discriminativo*.
   b. Defina *estímulo discriminativo* (S^D).
   c. Defina *estímulo delta* (S^Δ).
   d. Qual o nome técnico do procedimento usado na presença do estímulo discriminativo (S^D)?
   e. Qual o nome técnico do procedimento usado em presença do estímulo delta (S^Δ)?

2. "O treino discriminativo deve ser encerrado quando a resposta está *sob controle de estímulos*".
   a. Defina, em termos da *frequência*, quando uma resposta está *sob controle de estímulos*.
   b. Qual a outra *denominação técnica* dada ao resultado do procedimento de treino discriminativo?

3. Construa, para cada um dos casos dados a seguir, *o paradigma completo* do procedimento de *treino discriminativo*:
   a. Se uma criança pedir salgadinhos ou refrigerante no horário do lanche, por volta das 15 horas, ela os recebe. Caso os peça em horários próximos do almoço e do jantar, ela não os recebe.

b. Às terças, quintas e sextas-feiras, se o aluno se dirige à sala dos professores, encontrará a professora de Metodologia. Às segundas e quartas, ele não a encontrará.
c. Quando Célia brinca em seu quarto, sua mãe a elogia e lhe faz companhia nas brincadeiras. No entanto, se ela brinca em qualquer outro lugar da casa, a mãe não a elogia nem lhe faz companhia nas brincadeiras.
d. Kleber falava sobre Psicologia o tempo todo com seus amigos, alguns deles psicólogos. Esses amigos combinaram o seguinte: quando o rapaz falasse sobre Psicologia no consultório deles, eles lhe dariam atenção. No entanto, em reuniões sociais e mesmo em qualquer situação fora do consultório, eles não lhe dariam atenção.
e. Uma professora apresenta diferentes figuras de retângulos, uma a uma, a cada um de seus alunos e eles devem lhe dizer que é um retângulo. A professora elogia o aluno e faz uma marca positiva no quadro da sala de aula. No caso dela lhes mostrar figuras de círculos ou quadrados e algum aluno dizer que é um retângulo, ele não será elogiado e não receberá sua marca positiva.
f. Na entrada da garagem de meu escritório, há um sinal luminoso de duas cores. Quando esse sinal está verde, posso entrar com meu carro, pois há vagas. Caso esteja vermelho, indica que não há vagas.
g. Quando Cristina, mesmo atrasada, pede presença ao professor de Biologia, este coloca presença no diário. O mesmo não acontece com o professor de Química. Hoje, ela continua pedindo presença ao professor de Biologia e não o faz para o professor de Química.
h. Se Karina convidar seu namorado para ir ao shopping nos fins de semana, ele aceita o convite e lhe faz companhia. No entanto, se ela o convidar durante a semana, ele não aceita o convite. Agora, Karina nem pensa em convidá-lo para passear no shopping durante a semana.
i. Quando a luz do quarto de minha irmã está acesa, posso entrar no quarto e ela conversa comigo. O mesmo não acontece quando a luz está apagada.
j. Aos sábados, peço ao meu pai para sair. Este me dá permissão e até dinheiro. Quando peço à minha mãe, ela não permite e nem me dá dinheiro.
k. Se um cliente chega no seu horário à terapia, ele é atendido imediatamente. Caso ele chegue atrasado por mais de 50 minutos, seu terapeuta não o atende.

4. Responda as seguintes questões teóricas:
   a. Definir *classe de estímulos*.
   b. Quando se pode afirmar que está ocorrendo *discriminação de estímulos*?
   c. Quando se pode afirmar que está ocorrendo *generalização de estímulos*?
   d. Quando se pode afirmar que está ocorrendo a *formação de conceito*?

5. Para cada um dos exemplos dados a seguir, diga se está ocorrendo a discriminação de estímulos (D) ou a generalização de estímulos (G), colocando D ou G nos espaços entre parênteses.

a. ( ) Uma criança de uma escola maternal identifica corretamente as cores: amarela, azul, vermelha e verde.

b. ( ) Diante de uma tainha, baiacu, anchova e sardinha, digo que todos são peixes.

c. ( ) Um médico propõe tratamentos diferentes para hepatite, gastroenterite e úlcera duodenal.

d. ( ) Um aluno de 3º ano do curso de Psicologia é capaz de usar adequadamente os termos técnicos referentes à Psicanálise, à Gestalt e à Análise Experimental do Comportamento.

e. ( ) Um aluno do 1º semestre de Psicologia ainda tem dificuldade de identificar os termos técnicos próprios da Psicanálise, da Terapia Comportamental ou da Terapia Humanista.

f. ( ) Diante de todas as pessoas que têm olhos puxados (coreanos, chineses, japoneses...), Priscila usa a denominação "japoneses".

g. ( ) André, uma criança que tem uma babá que usa óculos, chama todas as moças de óculos que encontra de "babá".

h. ( ) Natália, que frequenta a pré-escola, ao se deparar com números escritos, já identifica corretamente os numerais 1, 2, 3, 4, 5, 6, 7, 8, 9 e 0.

6. Se você tivesse que ensinar o conceito de animais selvagens e animais domésticos a um grupo de crianças de uma escola, responda:

a. Qual o *procedimento* (dê o nome técnico) que poderia ser empregado?

b. Quais as duas *classes de estímulos* que seriam empregadas no treino?

c. Cite *quatro* estímulos pertencentes a *cada classe de estímulos* que você empregaria neste treino.

d. Quais as respostas que a criança deveria emitir durante o procedimento?

e. Qual (ou quais) reforço positivo você usaria nessa situação?

f. Construa os dois paradigmas completos, referentes aos animais selvagens e animais domésticos, utilizando as informações dadas nos *itens (c), (d), (e)*.

g. Em que momento (use os termos técnicos) você diria que o sujeito tem seu comportamento *sob controle de estímulos?* Qual outro termo técnico pode ser empregado para nomear *esse resultado*?

h. Usando os termos técnicos, quando se poderia afirmar que está ocorrendo a formação de conceito?

i. Quanto ao *teste de generalização*, responda:

- Quando ele poderia ser aplicado?
- Que estímulos você usaria no teste de generalização? Use os termos técnicos e dê exemplos relacionados ao caso.
- Você liberaria o reforço positivo durante o teste de generalização? Por quê?
- Se você fosse construir um *gráfico* com os resultados desse teste de generalização, como ele se chamaria? Dê o seu nome técnico.

j. Qual a utilidade do teste de generalização?

Nota: Não se pode afirmar que uma classe de estímulos tem a função de estímulo discriminativo e a outra tem a função de estímulo delta, simplesmente.

Observe os paradigmas construídos *no item (f)* e verifique que, dependendo da resposta a ser emitida, uma mesma classe de estímulos ora funciona como estímulo discriminativo para uma resposta e ora funciona como estímulo delta para outra resposta. Portanto, a função de um estímulo ou de uma classe de estímulos varia em relação à resposta em questão.

7. Em relação ao gráfico apresentado a seguir:

a. Identifique os dois estímulos entre os quais ocorreu a maior *discriminação de estímulos*. Justifique em termos de frequência de respostas.

b. Identifique entre quais estímulos está ocorrendo a maior *generalização de estímulos*. Justifique em termos de frequência de respostas.

c. Comparando-se os resultados obtidos entre os estímulos 2 e 3 e entre os estímulos 5 e 6, entre quais deles está ocorrendo a maior *discriminação de estímulos*? Justifique a sua resposta.

d. Comparando-se os resultados obtidos entre os estímulos 6 e 7 e entre os estímulos 4 e 5, entre quais deles está ocorrendo a maior generalização de estímulos? Justifique a sua resposta.

e. Compare, para assinalar, o par de estímulos, entre quais está havendo *maior generalização de estímulos:* 1 e 5 ( ), 2 e 6 ( ), 3 e 6 ( ) e 1 e 6 ( ).
Justifique sua escolha, em termos de frequência de respostas.

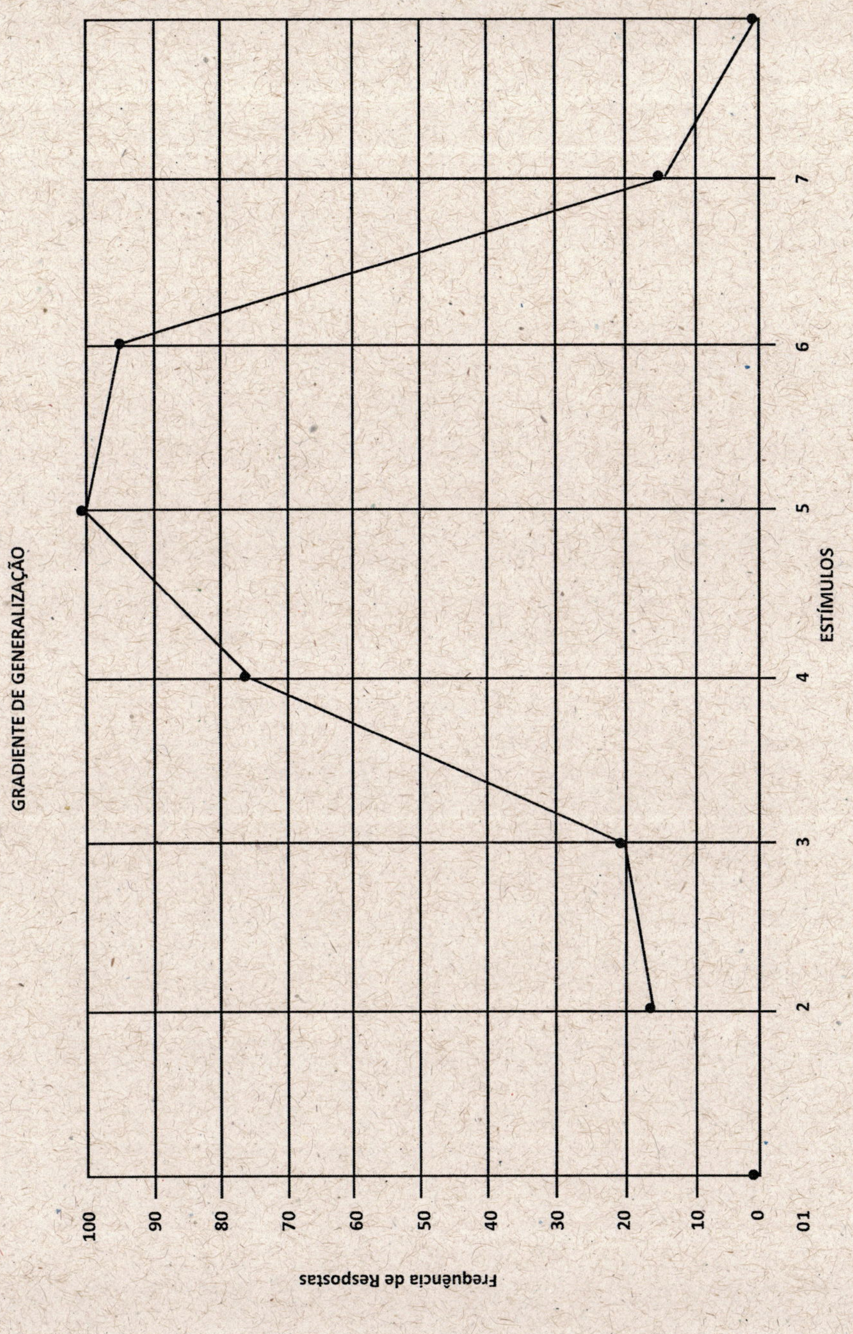
GRADIENTE DE GENERALIZAÇÃO
Frequência de Respostas
100
90
80
70
60
50
40
30
20
10
0
01
2
3
4
5
6
7
ESTÍMULOS

11

CADEIAS S-R

1. Usando os devidos termos técnicos, defina o que é uma cadeia S-R.
2. Quais são as duas funções de um estímulo, em uma cadeia S-R?
3. Responda:
   a. Como se pode demonstrar, experimentalmente, que um estímulo é reforçador para a *resposta anterior* a ele e é, ao mesmo tempo, estímulo discriminativo para a *resposta posterior*, em uma cadeia S-R?
   b. Se, de fato, você proceder como propôs em *3.a*, o que acontecerá em termos de *frequência* com as respostas dessa cadeia S-R?
4. Preencha os espaços pontilhados da seguinte cadeia S-R:

S^D	R	S^{R+}
Presença de carro empoeirado próximo ao Pedrinho + Presença do proprietário	Dizer: "Moço, posso lavar o seu carro?"	Apresentação de permissão dada
....	Pegar o balde com água, sabão e esponja	Apresentação de balde na mão com água, sabão e esponja
....	Ensaboar o carro	Apresentação de carro ensaboado
Presença de carro ensaboado + presença de balde com água limpa	....	Apresentação de carro sem sabão
Presença de carro sem sabão +..	Passar o pano no carro para secar	....
Presença de carro seco + presença do proprietário	Dizer: "Está pronto. São 25 reais"	Apresentação do dinheiro na mão do proprietário
Presença do dinheiro na mão do proprietário	....	....
Presença de dinheiro recebido na mão do proprietário	....	Apresentação do dinheiro no bolso

5. Baseado na cadeia S-R preenchida na questão anterior, responda:
   a. Cite dois *estímulos discriminativos* quaisquer da cadeia e seus respectivos comportamentos.
   b. Cite dois *estímulos reforçadores* da cadeia e os respectivos comportamentos que são mantidos por eles.
   c. Se a permissão para lavar o carro não fosse dada, o que aconteceria com esta cadeia S-R? Como isso é denominado? O que ocorreria com a frequência das respostas?
   d. "Dinheiro recebido na mão" funcionou simultaneamente como ____________________ para a resposta de "colocar o dinheiro no bolso" e, respectivamente, como ______________________________ para a resposta de "pegar dinheiro".

6. Usando os termos técnicos, descreva como é feito o *encadeamento de trás para a frente*. Qual a utilidade de se realizar o procedimento dessa maneira?

7. Coloque os comportamentos abaixo em uma cadeia S-R, especificando os estímulos discriminativos e os reforços positivos para cada uma das respostas de Marcel.

   "Marcel aproxima-se do pai, chama-o e este lhe diz "Sim, filho". Marcel diz: "Pai, me empresta as chaves do carro para eu sair com a Bruna?" O pai lhe dá as chaves do carro. Marcel pega as chaves do carro e diz: "Você é muito legal, amanhã eu lavo o carro para você". O pai, então, entrega-lhe os documentos do carro. Marcel pega os documentos, coloca-os em seu bolso e diz: "Tchau, pai". O pai lhe sorri."

12

CONTROLE AVERSIVO: PUNIÇÃO POSITIVA E PUNIÇÃO NEGATIVA

1. No que consiste o procedimento de *punição positiva* (ou *punição produzida por estimulação contingente*)? Use os devidos termos técnicos em sua resposta.

2. Defina *estímulo punitivo*, de acordo com o procedimento de punição positiva.

3. Em que consiste o procedimento de *punição negativa* (ou *punição por remoção contingente do reforço positivo*)? Use os devidos termos técnicos em sua resposta.

4. Defina *estímulo punitivo*, de acordo com o procedimento de punição negativa.

5. Compare os procedimentos de *punição negativa* e *extinção*, em termos do que ocorre com o estímulo consequente e em termos do efeito obtido sobre a frequência da resposta.

6. Analise os casos, dados a seguir, de acordo com os quatro itens abaixo:
   (I) Construa o *paradigma completo* referente ao caso.
   (II) Descreva qual o *efeito* obtido sobre a frequência d o comportamento.
   (III) Dê o nome técnico do *procedimento* envolvido.
   (IV) Dê o nome técnico do *estímulo consequente*.

   a. Maurício era considerado por sua professora como uma "criança muito agressiva". No recreio da escola, sempre que batesse num colega, sua professora o retirava da brincadeira. Ultimamente os "incidentes agressivos" com Maurício têm sido raros.

b. Maria Regina pagou sua conta de condomínio cinco dias após a data de vencimento. O valor da conta foi acrescido de 10%. Depois disso, Maria Regina não pagou mais suas contas fora de prazo.

c. Quando Irene dava um seminário em sala de aula, o professor lhe fazia muitas perguntas e seus colegas riam. Hoje, ela se recusa a dar seminários.

d. Carolina tinha o costume de pedir favores a um dos colegas, o Eduardo. Porém, cada vez que isso acontecia, ele a insultava e ela parou de pedir favores a ele.

e. No horário do banho, cada vez que Alexandre diz para a sua mãe que não vai tomar banho, ela lhe dá uns tapas e o coloca embaixo do chuveiro. Ele não tem dito mais isso para ela.

f. A mãe de Adriana age diferente: no horário do banho, cada vez que ela diz à sua mãe que não vai tomar banho, sua mãe não permite que brinque no parquinho do seu prédio naquele dia. Adriana tem parado de dizer essas coisas na hora do banho.

g. Pedro tem feito muitas reclamações da comida feita por sua mãe. Ele recebeu uma advertência verbal de seu pai e parou de fazer esse tipo de reclamações.

h. Ronaldo executou as anotações de forma incorreta, na folha de registro do laboratório e perdeu meio ponto na sua nota correspondente aquele exercício. Ele agora não tem cometido mais erros de folha de registro.

7. Explique todas as desvantagens de se utilizar os procedimentos de Punição.

8. Explique que cuidados devem ser tomados ao se ter que utilizar um procedimento de Punição, seja ele punição positiva ou punição negativa.

9. Faça a análise do seguinte caso: Dona Eunice, já cansada dos comportamentos inadequados do filho, resolveu tomar uma atitude. O pior do rapaz era a forma grosseira com que respondia a qualquer pergunta que a mãe lhe fazia.

Então ela fez o seguinte: quando o rapaz respondesse grosseiramente às perguntas feitas, ele teria que voltar a pé da aula de Inglês *(A)* e ela lhe tiraria o carro nos próximos dois dias *(B)*. Isso já faz um tempo e o rapaz quase não tem agido de maneira grosseira com a mãe.

a. Em relação ao comportamento do rapaz no relato, identifique o nome técnico dos dois procedimentos em vigor:
Procedimento A: ______________________________
Procedimento B: ______________________________

b. Construa o paradigma completo referente ao procedimento A, usando os termos técnicos e os dados do caso.
c. Construa o paradigma completo relativo ao procedimento B, colocando os termos técnicos e os dados do caso.
d. Defina o *estímulo consequente* presente no procedimento B e *estímulo consequente* presente no procedimento A, usando os termos técnicos.
e. Defina cada um dos procedimentos usados, usando os termos técnicos adequados.

10. Analise o caso a seguir. Vítor tinha o hábito de fazer as tarefas escolares incompletas. Sua professora, cansada de adverti-lo, resolveu fazer o seguinte: retirá-lo do treino de basquete nos dias em que isso acontecia e, ainda por cima, dar uma quantidade maior de lição de casa, o dobro. Assim, Vítor parou de fazer seus deveres de casa de forma incompleta.

a. Dê os nomes técnicos dos dois procedimentos usados pela professora.
b. Construa os paradigmas completos dos procedimentos identificados.

11. Preencha o quadro dado a seguir, usando os termos técnicos adequados.

Nome técnico do procedimento	O que ocorre com o estímulo consequente	Efeito obtido sobre a frequência da resposta	Nome técnico do estímulo consequente
Reforçamento positivo			
Extinção			
Punição positiva			
Punição negativa			

13

CONTROLE AVERSIVO: REFORÇAMENTO NEGATIVO

1. Defina o procedimento de reforçamento negativo, usando os devidos termos técnicos.
2. Defina reforço negativo (ou estímulo reforçador negativo).
3. Responda o que se segue, pensando no que ocorre com o estímulo após a resposta e no efeito obtido sobre a frequência da resposta, em função desse estímulo consequente.
   a. Diferencie *reforço negativo* de *estímulo punitivo,* na punição positiva.
   b. Diferencie *reforço negativo* de *estímulo punitivo,* na punição negativa.
   c. Diferencie *reforço negativo* de *reforço positivo*.
4. O reforçamento negativo produz padrões específicos de comportamentos: os comportamentos de *fuga* e os comportamentos de *esquiva*. Defina cada um desses comportamentos.
5. Quando Ângela está estudando e seu filho está na sala provocando interrupções no seu estudo, Ângela grita: "Dá o fora" e ele para de interrompê-la, saindo da sala. Ela tem gritado com o filho cada vez mais nessa situação.
   a. Construa o paradigma completo da situação descrita.
   b. O que aconteceu com a frequência do comportamento analisado?
   c. Qual o nome técnico do *procedimento* em vigor? Justifique sua resposta, usando os termos técnicos e os devidos dados do caso relatado.
   d. Qual é o nome técnico do *comportamento* de *gritar com o filho*? Justifique sua resposta, usando os termos técnicos.

6. Ultimamente, Ângela tem ficado "mais esperta", pois nos dias das suas provas, pede que sua mãe leve o garoto para dar um passeio, impedindo que seu filho provoque interrupções no seu estudo.
   a. Qual o nome técnico do *procedimento* envolvido nesse caso?
   b. Construa o paradigma completo desse caso.
   c. Que nome recebe o *comportamento* de *pedir à sua mãe que leve o garoto para passear?* Justifique sua resposta, usando os termos técnicos.

7. Identifique, nos exemplos dados a seguir, quais comportamentos podem ser considerados como fuga e quais como esquiva:
   a. Na época de provas na faculdade, procuro sempre estudar bastante para as provas para evitar tirar notas baixas.
   b. Como entro às 7h30 todos os dias, procuro sempre chegar no horário na empresa onde trabalho, para que não ocorram descontos ao final do mês.
   c. Todas as vezes que a mãe de Nancy começa a gritar com ela, ela fecha-se dentro do quarto, parando com a gritaria da mãe.
   d. Quando Luiz Roberto está fumando e sua mulher começa a dizer "que o cigarro é prejudicial à saúde e que se ele continuar fumando vai ficar doente", ele imediatamente apaga o cigarro, colocando fim no discurso da mulher.
   e. Tomo vitamina C todos os dias de manhã, pois assim não fico gripada.
   f. Quando estou trabalhando e percebo que a sala está muito quente, imediatamente ligo o ar condicionado.
   g. Ultimamente, antes de ir para a escola, a criança queixa-se de dores de cabeça e com isso evita ir à escola.
   h. Sempre que está levando uma "bronca" de alguém, Janaína começa a chorar e acaba conseguindo que a pessoa pare com a "bronca".
   i. No inverno, muitas pessoas viajam para o nordeste brasileiro, para sair do frio do sul.

8. Em relação aos *itens (b), (c), (g), (h)* da *questão (7)*, justifique a classificação dos comportamentos feita por você, definindo esses comportamentos com os termos técnicos.

9. Construa o paradigma completo *para cada um dos itens da questão (7)* acima.

10. Faça a análise do caso: Entre Angélica e João, seu marido, às vezes, as coisas não vão lá muito bem... Ele tem adotado um comportamento em relação a ela, que nem sempre é o mais satisfatório no caso! Vejamos o que ele faz:

(I) Ao chegar do trabalho à noite, assim que Angélica começa a se queixar de problemas domésticos, ele vai imediatamente dormir, "acabando" assim, com as queixas da esposa.

(II) Ultimamente, João anda tão cansado das queixas de Angélica que, quando ele chega em casa à noite, antes mesmo dela começar a se queixar, ele já vai direto para a cama.

Cada vez mais João tem tido esses comportamentos com a esposa.

Tendo em vista o comportamento de João de "*ir se deitar logo que chega do trabalho*", responda os itens a seguir.

a. Considerando-se o episódio (I), diga qual o nome técnico desse *comportamento* e defina-o.
b. Construa o paradigma completo referente ao episódio (I) para este mesmo comportamento.
c. Analisando-se o mesmo comportamento de João relatado no episódio (II), dê o nome técnico desse *comportamento* e o nome técnico do *procedimento* que o mantém.
d. Construa o paradigma completo referente ao episódio (II) para este mesmo comportamento.

11. Angélica também começou a ter problemas na sessão de terapia... Vejamos o que estava acontecendo:

(I) Quando o terapeuta começa a lhe perguntar sobre seu relacionamento com o marido, ela fala de outras pessoas, que não seu marido. Com isso, as perguntas sobre João param. Seu terapeuta constatou que isso estava acontecendo muito frequentemente.

(II) Além disso, quando o terapeuta lhe disse que na próxima sessão conversariam sobre seu relacionamento com o marido, na semana seguinte ela telefonou dizendo que não poderia comparecer à sessão.

a. Analisando-se o comportamento de "falar de outras pessoas que não seu marido", relatado no episódio (I), qual é o nome técnico do *procedimento* que está mantendo esse comportamento? Defina-o, usando os termos técnicos.
b. Construa o paradigma completo referente ao episódio (I) para esse mesmo comportamento, usando os termos técnicos e colocando os dados do caso.

c. No episódio (II), analisando-se o comportamento de "telefonar dizendo que não poderia comparecer à sessão", dê o nome técnico desse *comportamento*. Defina-o, usando os termos técnicos.
d. Construa o paradigma completo referente ao episódio (II) para esse comportamento, usando os termos técnicos e colocando os dados do caso.

14

ANÁLISE DE CASO

LEIA O CASO DADO A SEGUIR E FAÇA O QUE SE PEDE.

Dona Raquel sempre foi dona de casa. Casada, um casal de filhos, só com o curso primário e uma vida econômica bastante difícil. O marido trabalha como porteiro em um prédio até às 14 horas e, muitas vezes, antes de ir para casa, passa no bar da esquina. Ele, nessas ocasiões, chega bêbado em casa, para a hora do jantar.

Dona Raquel também teve uma infância complicada: um pai autoritário, que achava que "lugar de mulher era dentro de casa". Assim, cada vez que ela ousava pedir a ele para sair, ele a esbofeteava e a insultava fazendo-a não pedir mais para sair. Seus irmãos, homens, podiam pedir para sair e eram logo atendidos pelo pai, levando-os a continuar a pedir para sair.

Mesmo se ela saísse até a padaria (por ex., enquanto o pai não estivesse em casa), ao voltar, ela logo ia se sentar no sofá, próximo da hora de sua chegada, para que ele não brigasse com ela. Além disso, ela ficava bordando panos de pratos para serem vendidos e isso dava grande satisfação ao pai, que a elogiava muito quando a via fazendo isso.

Abandonou os estudos na 4ª série. No início, quando ela tinha sete anos e estava na 1ª série, pedia auxílio aos irmãos para fazer as tarefas e eles ajudavam. Já na 4ª série, se pedisse colaboração deles, eles se recusavam terminantemente, ignorando-a a maior parte do tempo. Quando seu pai a via pedir ajuda, ele ainda berrava frases do tipo: "Eu tenho razão: mulher não é para estudar, elas são mesmo umas burras, devem ficar em casa" etc.

Sua história não continuou muito feliz: executava sempre todos os afazeres domésticos de modo adequado durante o dia e quando seu marido chegava bêbado em casa, lhe batia. Com o tempo, ela foi deixando de fazer seus afazeres domésticos tão caprichosamente como antes. Ela também tentava dialogar com o marido nessas ocasiões, mas ele a surrava ainda mais. Ela já desistiu de falar qualquer coisa nessas horas.

Um outro problema está ocorrendo com Dona Raquel: assim que o marido e/ou os filhos chegam em casa, ela começa a se queixar de dores de cabeça, nas pernas, diz que vai desmaiar etc. De certo modo, todos acabam lhe dando uma certa atenção e a filha, se está próximo da hora do jantar, pede que ela se deite no sofá e serve o jantar para a família.

Ela afirma que gostaria de se separar do marido. Não o faz e acaba cumprindo todas as suas determinações, dispensando-lhe um tratamento até carinhoso, para evitar que ele lhe bata. Ela não conversa com os filhos sobre a separação, só fala de assuntos banais diários. Isso evita que a critiquem por continuar "com essa vida".

Além disso, ela acaba fazendo coisas para o marido, que aparentemente criticaríamos: ele chega já gritando em casa e pedindo para ela lhe servir "uma pinga". O que ela faz? Ela acaba servindo-lhe a pinga e deixando a garrafa (que havia escondido) sobre a mesa. Com isso, ele pára de gritar e de ameaçá-la de surra.

Ao mesmo tempo, nessas ocasiões, frente aos gritos e ameaças do marido bêbado, Dona Raquel sente seu coração disparar, começa a tremer e a suar. Ela relata que tem a sensação de que vai morrer.

a. Identifique no relato, os trechos que fazem parte dos dados pessoais de Dona Raquel.
b. Identifique no relato, os dados que fazem parte da história de vida passada de Dona Raquel.
c. Qual o *procedimento* envolvido quando Dona Raquel, na infância, pedia a seu pai para sair. Construa o paradigma completo desse procedimento e coloque os dados do caso.
d. Diga o nome do *procedimento* envolvido quando seus irmãos pediam ao pai, para sair. Justifique porque é esse o procedimento envolvido com os irmãos, usando os termos técnicos. Construa o paradigma referente a este caso.
e. Ainda quando pequena, qual o *procedimento* que mantinha o comportamento de "sentar-se no sofá", próximo da hora de chegada do pai? Justifique sua resposta, usando os termos técnicos e diga também qual o nome técnico que recebe esse comportamento. Construa o paradigma.
f. Quanto ao comportamento de "bordar panos de pratos para serem vendidos", qual o *procedimento* que mantinha esse comportamento? Por quê? Construa o paradigma.

g. Quais as contingências que acabaram diminuindo a frequência do comportamento de "pedir ajuda aos irmãos nos deveres de casa" (para identificá-las, construa o paradigma completo referente ao comportamento). Qual o *procedimento* usado pelos irmãos?

h. Para esse mesmo comportamento (pedir ajuda para os deveres de casa) quais as consequências oferecidas pelo pai? Qual o efeito delas sobre a frequência dessa resposta? Qual o *procedimento* que controlava essa resposta? Construa o paradigma.

i. Em relação aos comportamentos de "executar os afazeres domésticos adequadamente" e "conversar com o marido, quando chegava bêbado", qual o estímulo consequente para esses comportamentos? Qual o nome técnico desse estímulo consequente? Qual o efeito obtido? E qual o nome técnico do procedimento envolvido?

j. Analise qual o *procedimento* envolvido no comportamento de "queixar-se de dores" e construa o paradigma completo para esse comportamento.

k. O controle dos comportamentos de "cumprir todas determinações do marido" e "conversar sobre assuntos banais com os filhos" é mantido pelo mesmo tipo de procedimento. Qual o nome técnico desse *procedimento* e explique, usando os termos técnicos e os dados do caso, porque esse procedimento mantém esses diferentes comportamentos.

l. Qual o nome técnico que recebem esses *comportamentos* e justifique sua resposta, usando os devidos termos técnicos.

m. Em relação aos comportamentos de "servir pinga e deixar a garrafa sobre a mesa", qual o *procedimento* envolvido (dê o nome técnico)? Construa o paradigma completo que demonstra que esse procedimento está em vigor. Dê o nome técnico do *comportamento* e justifique sua resposta, usando os termos técnicos.

n. "Ter taquicardia, tremer e suar" são que tipos de comportamentos? Você deve ser capaz de construir o paradigma completo referente a esses comportamentos, tentando mostrar uma possível associação que tenha havido com os estímulos eliciadores dos mesmos.

❖❖❖

Você fez uma *análise funcional*, ou seja, você identificou as variáveis das quais os comportamentos são função.

Ao fazer assim, identifica-se a contingência de três termos e torna-se mais viável uma intervenção a fim de se produzir mudanças necessárias nesses comportamentos

15

REVISÃO 1

Esta revisão envolve Condicionamento respondente, Reforçamento positivo, Extinção, Reforçamento diferencial, Modelagem e Esquemas de reforçamento. Reveja esses conceitos antes de responder às questões.

1. Quais as duas classes de variáveis que a Análise Experimental do Comportamento (AEC) está interessada em relacionar?
2. Como pode ser definido o *comportamento*, de acordo com a AEC?
3. O que é uma *relação funcional?*
4. Quais os dois tipos de comportamentos existentes e quais as suas características?
5. Como ocorre o controle ambiental em relação aos comportamentos respondentes?
6. Construa o paradigma completo do *condicionamento respondente* e identifique os dois tipos de reflexos existentes.
7. Em relação aos comportamentos operantes, como se dá o controle ambiental?
8. Construa o paradigma completo da *tríplice contingência* e explique cada um de seus termos.
9. Qual a função dos estímulos antecedentes em relação aos comportamentos respondentes? E em relação aos comportamentos operantes?
10. Para se identificar qual procedimento está em vigor em relação a um dado comportamento, o que é necessário se saber?
11. A que se refere o *efeito* sobre a frequência da resposta?
12. Quais as possibilidades do que pode ocorrer com o estímulo consequente?

13. Defina cada um dos procedimentos, usando os devidos termos técnicos:
    - Reforçamento positivo;
    - Extinção;
    - Reforçamento diferencial;
    - Modelagem;

14. Em relação ao uso dos reforçadores positivos, responda:
    a. Um dado estímulo, considerado como reforçador para um sujeito, funcionará da mesma forma para outros sujeitos? Somente quando se pode dizer que um estímulo está, de fato, atuando como um reforço positivo?
    b. Qual o cuidado que se deve tomar quando se decide usar um estímulo como reforçador positivo, em relação a sua imediaticidade?
    c. Durante um processo de aprendizagem deve-se usar o mesmo reforçador o tempo todo? Quando ele deverá ser mudado para um outro reforçador?
    d. Se numa dada situação é liberado um reforço "artificial" a essa situação, o que deveria ser feito no decorrer do processo de aprendizagem?

15. Em relação aos *esquemas de reforçamento*, responda:
    a. Quais os dois tipos genéricos de esquemas de reforçamento?
    b. Em que casos cada um desses dois tipos deve ser usado?
    c. Que vantagens têm os esquemas de reforçamento intermitente quando comparados aos esquemas de reforçamento contínuo?
    d. Defina cada um dos esquemas de reforçamento intermitente.
    e. Com quais esquemas pode ser usada a *disponibilidade limitada*? O que ela significa e qual a sua utilidade?

16. Quando se deve optar pelo uso de um procedimento de *modelagem*?

17. Se você fosse procurado por uma mãe cuja filha de 4 anos ainda não consegue usar o banheiro para "fazer xixi" sozinha, responda:
    a. Qual o procedimento que seria mais indicado para ensinar a menina a "fazer xixi" sozinha?
    b. Elabore uma sequência de comportamentos que poderiam ser reforçados pela mãe, dizendo também qual o comportamento inicial, quais os comportamentos intermediários e qual o comportamento terminal nessa sequência.
    c. Que reforçador poderia ser usado e quando ele seria liberado?

18. Se, ao mesmo tempo que a menina "fazia xixi" pela casa, a mãe relatasse que a criança costumava ficar gritando por ela, responda:

a. O que teria que ser identificado em relação ao comportamento de gritar pela mãe após "fazer xixi"?

b. Qual o procedimento que estaria mantendo tal comportamento? Qual procedimento poderia ser sugerido para eliminar tal comportamento? (dê os nomes técnicos.)

c. No que consistiria esse procedimento para eliminar o comportamento (use os devidos termos técnicos) e diga qual o efeito típico esperado quando do uso desse procedimento.

19para o pai que tinha conseguido, responda:

a. Como o pai deveria proceder nesse caso?

b. Que procedimento ele estaria usando (dê o nome técnico). Justifique sua resposta.

20. No exemplo dado, identifique o que se pede: Um aluno do tipo "inconveniente e inadequado" gostava de incomodar seus professores com perguntas alheias ao assunto da aula.

(I) Todas as vezes que esse aluno fazia uma pergunta inadequada ao professor de Geografia, esse professor acabava lhe dando atenção, colaborando para que o aluno continuasse com suas perguntas...

(II) Por outro lado, na aula do professor de Física, quando esse aluno fazia perguntas inadequadas ao assunto da aula, o professor continuava sua aula, ignorando a pergunta feita. O aluno acabou desistindo de perguntar ao professor de Física.

a. Qual o comportamento inadequado do aluno? Qual o estímulo consequente apresentado a essa resposta pelo professor de Geografia?

b. Qual o nome técnico do *procedimento* usado pelo professor de Geografia? Qual o nome técnico do estímulo consequente usado?

c. De que *tipo* é esse reforço positivo (dê o nome técnico completo).

d. Qual o *procedimento* utilizado no caso II, pelo professor de Física?

e. Qual o efeito obtido sobre a frequência da resposta, no caso II?

16

REVISÃO 2

Antes de realizar este exercício, faça um levantamento de *todos* os procedimentos vistos, revendo seus nomes técnicos, sua definições, efeitos, estímulos consequentes e antecedentes, nomes técnicos de comportamentos etc.

Está sendo proposta uma situação na qual alguns problemas podem ser identificados e alterações podem ser feitas para a instalação e modificações de comportamentos. Há uma série de perguntas que acompanham os exemplos, que podem ser úteis na identificação dos procedimentos envolvidos ou a serem usados.

Todos os exemplos selecionados dizem respeito a crianças, de uma instituição, que tinham problemas de fala. Analise cada caso e responda as perguntas que o acompanham.

1. Algumas crianças de 2 a 3 anos tinham fisicamente a capacidade para falar, possuindo um aparelho fonador em condições adequadas, de acordo com laudos de outros profissionais, como médicos, fonoaudiólogos. No entanto, essas crianças não falavam e tinham em torno de 2 a 3 anos de idade.

   Em relação a esse *problema*, responda:

   a. Que procedimento seria indicado para a instalação da resposta verbal nessas crianças? Dê o nome técnico do procedimento e justifique sua resposta.
   b. Descreva como poderia ser realizado esse procedimento, usando os termos técnicos, citando uma possível sequência comportamental.
   c. Você deve atentar que, para a instalação de uma resposta verbal, é necessário se estabelecer um objetivo final mais amplo e também objetivos intermediários, para se chegar a falar fluentemente. Por exemplo, falar palavras com uma ou duas sílabas, pode ser um começo para se chegar a um objetivo maior com "falar uma frase completa com sujeito, verbo e predicado".

Pense sobre isso e tente estabelecer alguns objetivos para que o comportamento verbal mais amplo possa ser instalado.

2. Outras crianças já falavam, mas, no entanto, possuíam um repertório verbal insuficiente, com poucas palavras e estas eram, na maioria das vezes, pronunciadas incorretamente, com trocas de letras, falta de plurais, erros de concordância verbal etc.

   Em relação a esse *problema*, responda:

   a. Qual procedimento deveria ser usado com essas crianças que já falam, mas de modo inadequado, na maioria das vezes?
   b. Descreva o procedimento, usando os devidos termos técnicos e os dados do caso, em relação a essa classe de respostas de "falar".
   c. Qual é o nome técnico do resultado desse procedimento? E qual o nome técnico da resposta a ser trabalhada? Qual seria nesse caso uma possível resposta diferenciada?

3. Outras crianças que tinham passado por um treino verbal na instituição, com uma determinada atendente ou estagiária, tinham aprendido a falar corretamente. No entanto, falavam mais com essa atendente ou estagiária que as treinara e falavam pouco ou quase nada com outras pessoas e/ou outras crianças da instituição.

   Em relação a esse *problema*, responda:

   a. Construa o paradigma completo para o comportamento das crianças que falavam somente com a atendente ou estagiária que as treinara.
   b. Que processo está ocorrendo entre a atendente ou estagiária e as outras pessoas da instituição, em relação ao comportamento de *falar*?
   c. Tendo sido instalado o comportamento de *falar*, mas somente com a atendente ou estagiária do treino, o que deveria ser feito com essas crianças agora, de modo que falassem também com outras pessoas?
   d. Feito o proposto em acima, qual processo que deveria ocorrer com o comportamento em relação aos novos estímulos (dê o nome técnico).
   e. Outras pessoas e/ou crianças da instituição deveriam também tornar-se um ______________(dê o termo técnico) para a resposta de "*falar*" e deveriam __________________________ esse comportamento, para que ele aumentasse de frequência na presença dessas pessoas e/ou crianças.
   f. O resultado desse procedimento é denominado___________________ e significa que____
   ____

4. Algumas crianças, após o treino verbal, exigiam atenção constante para tudo o que falassem, atrapalhando o andamento de outras atividades como desenhar, modelagem com massa etc. Além disso, elas não conseguiam esperar que uma instrução fosse dada até o fim, interrompendo a todo momento com comentários irrelevantes.

Em relação a esse *problema*, responda:

a. Receber atenção cada vez que falavam, indicava que o comportamento dessas crianças estava sob qual esquema de reforçamento? Justifique sua resposta.

b. Se essas crianças já falavam há algum tempo, ou seja, já tinham a resposta instalada, seria adequado mantê-las no esquema citado acima? Justifique sua resposta.

c. A fim de que essas crianças mantivessem o comportamento de *falar coisas adequadas no momento certo*, mas sem a necessidade de atenção a cada comportamento, qual esquema de reforçamento que poderia ser usado. Especifique-o claramente, dando o nome técnico completo e diga como seriam liberados os reforços nesse esquema.

d. Quando as crianças falassem em momento inadequados e/ou falassem sobre assuntos inadequados, o que deveria ser feito? (dê o nome técnico do procedimento a ser usado, o comportamento, o estímulo consequente e o efeito esperado).

e. Se isso for feito para os comportamentos inadequados de falar, citados anteriormente, e, ao mesmo tempo, se fosse reforçado o comportamento de falar assuntos apropriados em momentos apropriados, qual o procedimento que estaria em vigor, tendo-se em vista a classe de respostas de *"falar"*?

f. Defina *classe de respostas*.

5. Em relação ao *problema da questão 4* e também em relação aos 3 outros problemas anteriormente citados:

a. Identifique os reforçadores que foram usados e diga de que *tipo* são eles, dando o nome técnico completo.

Em relação a esse *problema*, responda:

b. Você acha que, em alguns destes procedimentos, seria adequado utilizar balas, comidas, bonecas, por exemplo, como reforçadores positivos?

6. Crianças que verbalizam palavras corretamente, era como se as tivessem "decorado", não conseguindo denominar os eventos correspondentes a essas palavras. Por exemplo, uma criança verbaliza as palavras "frutas "e "legumes ". Porém, diante de cenoura, mandioca e beterraba, é incapaz de classificá-las como "legumes".

Em relação a esse *problema*, responda:

a. Se o psicólogo quisesse fazer um programa para a associação correta de palavras com figuras de frutas e legumes, que procedimento poderia ser utilizado?

b. Suponha que, de início, ele programasse para ensinar a associação das palavras "legumes" e "frutas" com figuras de "legumes" e "frutas". Cite 4 estímulos que pertençam a cada uma das classes de estímulos.

c. Se, ao final, houvesse a *formação de conceito* de legumes e frutas, como esse processo poderia ser definido, usando os devidos termos técnicos e os dados do exemplo.

d. Construa os paradigmas completos para a resposta de *dizer* "legumes" e para a resposta de *dizer* "frutas".

7. Além desses problemas com os comportamentos verbais das crianças, outros existiam. Havia algumas atendentes que, por conta própria, colocavam as crianças trancadas no quarto logo após terem algum comportamento considerado inadequado pelas atendentes. Esses comportamentos, geralmente, eram "*jogar o prato de comida no chão ou bater em outras crianças durante o almoço*" e outros.

Em relação a esse *problema*, responda:

a. Qual o nome técnico do procedimento que as atendentes estavam usando, se fosse observada uma diminuição na frequência desses comportamentos considerados "inadequados" por elas?

b. Justifique sua resposta definindo o procedimento e construa o paradigma completo relativo a ele, usando os termos técnicos e os dados do caso.

c. Você acredita que, quando os psicólogos da instituição ficaram sabendo do ocorrido, em relação ao uso desse procedimento, eles acharam isso um modo correto de proceder? Justifique sua resposta, fornecendo as razões para sua afirmação.

d. Você teria alguma sugestão de procedimento alternativo para ser usado com esses comportamentos e/ou em relação a comportamentos incompatíveis a eles e mais adequados?

e. Explique como seria realizado o procedimento proposto. Usando os termos técnicos e os dados do caso.

8. Em decorrência do "castigo" de trancar no quarto, dado pelas atendentes às crianças, conforme descrito na questão 7, o problema agravou-se do seguinte modo:

(I). Uma vez trancadas no quarto, as crianças sempre batiam na porta e gritavam até que fossem retiradas do castigo por outra atendente.

(II). Em outros casos, as crianças que já haviam estado de "castigo" em outras ocasiões, logo que viam a atendente que as colocara no "castigo" se aproximar delas, ficavam encolhidas em um canto qualquer, caladas e cabisbaixas, o que evitava que fossem para o "castigo".

(III). Além disso, foi observado um tremor e um aumento de batimentos cardíacos nas crianças, ante a aproximação da tal atendente.

Em relação a esse *problema*, responda:

a. Na *situação (I)*, identifique os comportamentos das crianças, estímulo antecedentes e consequentes, efeito obtido, nome técnico do procedimento que caracteriza a situação e o nome técnico que esses comportamentos recebem e diga porque eles podem ser categorizados como tal.
b. Em relação à *situação(II)*, identifique os mesmo itens pedidos acima.
c. Em relação à *situação (III)*, identifique os comportamentos respondentes eliciados na situação e identifique os estímulos que os eliciavam, dando os respectivos nomes técnicos às respostas e aos estímulos.
c. Explique de que forma, possivelmente, foi estabelecida essa relação entre esses estímulos e as respostas, construindo o possível paradigma desse caso. Como poderia ser quebrada essa relação?

3ª PARTE

PRÁTICAS DE LABORATÓRIO

Frequentemente, um curso de Análise Experimental do Comportamento é acompanhado de exercícios práticos de laboratório que ilustram os princípios estudados, além de colaborar para a aquisição de uma atitude científica para a execução de experimentos em laboratórios de Psicologia.

Tradicionalmente, os ratos albinos da raça Wistar *têm sido usados como sujeitos experimentais, empregando-se como equipamento a caixa de Skinner.*

A utilização de animais inferiores em laboratórios de Psicologia tem sido objeto de controvérsias, mas ainda não foi descartada completamente, apesar de vários cursos de Psicologia já terem abolido tais práticas. Muitos desses cursos substituíram a prática pelo programa Sniffy, usado em computadores. Seu uso também é discutível (Tomanari e Eckerman, 2003).. O texto "Pesquisa em Psicologia: por que utilizar animais?" introduz o assunto e justifica o uso de animais em laboratórios.

O texto "Rotina de laboratório" aborda a importância de uma série de condutas antes e após a realização dos experimentos, com o intuito de padronizar os procedimentos de preparação do ambiente experimental e finalização. A rotina deve ser adaptada ao local específico e ao planejamento do professor.

Antes de se iniciar a experimentação, é importante que se tenha um conhecimento do equipamento a ser usado. O texto "Manuseio do equipamento" fornece as características de uma caixa de Skinner, bem como de outros equipamento e acessórios que podem acompanhá-la.

É preciso conhecer o sujeito experimental – o rato – suas características típicas, desenvolvimento, cuidados e manutenção, e modo adequado de manuseá-lo. Esses dados estão no texto "Manuseio do sujeito experimental".

Segue o conjunto dos experimentos (textos de 5 a 15). Tal sequência deve-se, em grande parte, a Mário A. A. Guidi e Herma B. Bauermeister, autores do livro pioneiro no Brasil "Exercícios de laboratório em Psicologia", FUNBEC, publicado inicialmente em 1968. Cada uma das instruções de experimentos vem acompanhada de um modelo de folha de registro para anotação dos dados obtidos.

1

PESQUISA EM PSICOLOGIA: POR QUE UTILIZAR ANIMAIS?

O comportamento humano tem sido alvo de curiosidade há milênios. Sem dúvida, a complexidade que envolve tal objeto de estudo não pode ser negada, mas isso não impediu o desenvolvimento de uma Ciência do Comportamento. O *uso do método experimental* para se chegar à descrição, previsão e controle de comportamentos foi de extrema valia na obtenção dos atuais princípios básicos da *Análise Experimental do Comportamento*.

O uso do método experimental, o desenvolvimento de uma filosofia de trabalho, além do interesse de inúmeros estudiosos foi o que possibilitou chegar ao que se tem hoje, em termos de aplicação dos princípios da Análise Experimental do Comportamento, nas mais diferentes áreas, com resultados bastante produtivos. Entre as várias fontes existentes, das quais se partiu para a obtenção de dados para a análise de comportamentos, estão os *estudos realizados em laboratórios* e, em especial, os que utilizaram e ainda usam *animais inferiores* na execução de observações e experimentações.

É sobre o uso de animais nesses experimentos que repousa o interesse deste texto, particularmente sobre o uso de ratos, que serão utilizados como sujeitos experimentais em alguns dos exercícios práticos de laboratórios, realizados por estudantes de Psicologia.

Historicamente, há um marco importante que possibilitou a utilização de animais inferiores nos estudos sobre comportamentos: a *Teoria da Evolução* formulada por Charles Darwin, em 1859, quando da publicação de seu livro *A origem das espécies*. Nessa teoria, Darwin dá ao homem seu lugar biológico, colocando-o como membro do reino animal, na mesma escala evolutiva que os demais animais, embora estando no topo da escala.

A Teoria da Evolução discutiu a existência da continuidade entre as diferentes espécies existentes, enfatizando que a diferença entre a espécie humana e os animais inferiores seria somente em termos de graus diferentes de desenvolvimento, levando-se em conta, é claro, a bagagem biológica de cada espécie. O homem, como um animal possuidor de um complexo sistema nervoso, sem dúvida é capaz de emitir desempenhos complexos. No entanto, as diferenças existentes entre o Homem e os animais inferiores passaram a ser vistas em termos quantitativos e não mais qualitativos, como anteriormente se fazia. O homem deixava de ser um ser superior e senhor exclusivo da natureza e passava a ser encarado também como um animal, sujeito às mesmas leis de sobrevivência e aos mesmos princípios comportamentais que regem as demais espécies.

Darwin fez observações cuidadosas dos comportamentos dos animais em lugares diferentes, até poder tirar conclusões sobre a continuidade entre as diferentes espécies. Algumas *objeções* foram colocadas à Teoria da Evolução porque, em muitas de suas colocações, Darwin atribuía capacidades humanas aos animais, como pensar, ter ideias e sentir desejos – o chamado *antropomorfismo*, conforme afirma Millenson (1975, p. 29), o que não deve mais ser feito. De qualquer forma, mesmo com as críticas feitas a seu respeito na época, Darwin teve uma grande importância e sua teoria modificou posições em muitas áreas de estudo.

Desde a colocação da Teoria da Evolução, muitos foram os estudos realizados em laboratórios, utilizando animais inferiores como sujeitos. Já em 1898, Edward L. Thorndike publicava os resultados de seus estudos, nos quais utilizou gatos, pintos e cães como sujeitos experimentais. Ele não utilizou a observação casual, mas realizou experimentos controlados, com objetivos específicos, usando animais cuja história passada era conhecida e fazendo registros comportamentais de suas observações. Segundo Millenson (1975, p. 29), de certo modo, "Thorndike forneceu um novo método experimental" e introduziu o uso de animais em experimentos sobre o *condicionamento instrumental*, cujos princípios gerais foram, mais tarde, pesquisados e sistematizados por B. F. Skinner.

Skinner também realizou inúmeros experimentos com observação de um único organismo, em situações controladas. Seus sujeitos eram ratos brancos, observados em caixas idealizadas pelo próprio Skinner, posteriormente chamadas de *caixas de Skinner*.

Nelas era estudado o comportamento dos sujeitos de pressionar uma barra horizontal, colocada no interior da caixa. Os primeiros trabalhos de Skinner datam de 1930, aproximadamente, e a publicação de seu primeiro livro, *O comportamento dos organismos*, deu-se em 1938. A relação funcional entre o comportamento e o meio ambiente foi amplamente estudada e, daí para frente, houve a sistematização dos princípios básicos da *Análise Experimental do Comportamento*.

Há um outro ramo de estudo que pode ser citado como extremamente interessado no estudo do comportamento animal – a *Etologia*. Ela estuda os comportamentos típicos de uma dada espécie, verifica como eles se dão, porque e para que ocorrem, ou com que finalidade para a espécie e o quanto são genéticos ou não, enfatizando sempre a força da genética no aparecimento dos comportamentos, além da interferência ambiental. Konrad Lorenz e Nicolas Tinbergen podem ser citados como grandes iniciadores da área etológica. Várias espécies de animais têm sido alvo de interesse dos etólogos, dependendo dos objetivos da pesquisa de cada um. Pode-se citar os estudos de Lorenz com pintainhos, gansos e macacos a respeito da *estampagem* (*Imprinting*) e agressividade, além dos estudos de Tinbergen com diferentes espécies sobre agressão, papel feminino e masculino na família e outros temas (Evans, 1979).

No Brasil, estudos sobre o comportamento animal têm sido realizados em várias áreas da Psicologia, seja na Etologia, seja na Análise Experimental do Comportamento, entre outras. Pode-se citar, a título de informação e curiosidade, trabalhos feitos com formigas (Cunha, 1980; Rodrigues, 1983); moscas (Bussab, 1980); aranhas (Tiedemann, 1975; Fuchs, 1978); macacos (Faria, 1980); abelhas (Gomes, 1974); hamsters (Otta, 1979); caramujos (Souza, 1977); rãs (Delitti, 1976); peixes (Carvalho, 1972) e outros. Como pode ser observado na literatura, há um grande número de experimentos, na área de Psicologia, que são realizados utilizando-se animais inferiores como sujeitos experimentais.

Vejamos então algumas *razões* para se estudar animais em laboratórios de Psicologia e também algumas *objeções* colocadas a esse respeito.

Dentre as várias razões, pode-se citar o fato de se levar em consideração as ponderações feitas na *Teoria da Evolução*, por Charles Darwin, colocando o homem no *continuum* das espécies, sujeito às mesmas leis das demais espécies, como já apontado anteriormente.

Outra razão refere-se a uma das atitudes importantes na Ciência: a *parcimônia*. Essa atitude significa que o maior número possível de eventos existentes na natureza deve ser explicado com o menor número possível de leis, além de se dar explicações mais simples ao invés de explicações complexas, por vezes desnecessárias. Baseado nisso, os experimentos com animais justificam-se na medida em que tentam explicar tanto os comportamentos do homem como dos animais inferiores através das mesmas leis e processos. No fim, acaba-se obtendo uma relação entre a Teoria da Evolução e a atitude da parcimônia, já que esta auxilia a comprovação daquela.

A *questão ética* é uma outra razão a ser discutida sobre o uso de animais em laboratórios de Psicologia. Muitos experimentos realizados com animais inferiores não poderiam usar seres humanos como sujeitos, uma vez que não se saberia quais seriam os possíveis danos comportamentais e/ou físicos causados ao organismo. Tome-se como exemplo, os experimentos sobre o uso da punição com a apresentação de choques elétricos ou experimentos com ingestão de drogas para verificar possíveis alterações comportamentais. Não seria ético, nesses casos, utilizar seres humanos devido aos danos potenciais envolvidos. Utilizam-se animais principalmente quando ainda não se tem conhecimento suficiente da área estudada.

Além disso, os animais podem ser usados por períodos mais longos de tempo e podem ser submetidos a tempos maiores de privação durante os experimentos. Certo é que os animais devem ser tratados com o carinho que merecem, não podendo ser maltratados sem necessidade, não passar inutilmente por experimentos dolorosos e nem serem privados desnecessariamente. Considerações éticas na pesquisa com animais foram e são importantes sem dúvida, tanto que um grupo de associações dos Estados Unidos estabeleceu regras, em 1962, para o uso de animais na experimentação (Bachrach, 1975). Mas, por outro lado, lançar mão de seres humanos, sem o conhecimento das possíveis consequências advindas dos estudos, seria pior e mais danoso para as pessoas submetidas a um determinado estudo.

Outras áreas científicas também têm lançado mão de animais inferiores para a realização inicial de suas pesquisas, como é o caso da Medicina, Biologia, Genética, obtendo resultados significativos para o desenvolvimento da ciência. Sem dúvida, esses experimentos realizados com animais inferiores fornecem dados sobre as alterações produzidas e dão uma base científica para, se necessário e se possível, posteriormente serem realizados com seres humanos. É claro que o processo de generalização dos dados obtidos com animais para os seres humanos não é simples e será discutido posteriormente.

Uma outra justificativa para o uso de animais em pesquisas é o fato de seus *comportamentos serem mais simples* e também serem *simplificadas as condições de observação*, facilitando a definição, a observação, o registro e a manipulação de variáveis. O número de variáveis envolvidas na situação de laboratório é menor, possibilitando um controle maior das variáveis envolvidas e facilitando a obtenção de dados bem como o estabelecimento de relações entre as variáveis estudadas. Como afirma Skinner (1985), "a ciência avança do simples para o complexo; constantemente tem-se que decidir se os processos e leis descobertos por um estágio são adequados para o seguinte. Seria precipitado afirmar neste momento que não há diferença essencial entre o comportamento humano e o comportamento das espécies inferiores; mas até que se empreenda a tentativa de se tratar ambos nos mesmos termos, seria igualmente precipitado afirmar que há". Dessa forma, estudos em situações menos complexas serviriam de base, fornecendo dados e informações mais seguras para a realização de estudos envolvendo situações cada vez mais complexas, com inúmeras variáveis. Mas isso é mais fácil somente depois de se ter obtido informações em situações mais simples, fornecendo diretrizes para cuidados a serem tomados pelos experimentadores. De fato, a prática tem nos mostrado que os dados obtidos em situações simples facilitam o planejamento e a realização de estudos em situações mais complexas, inclusive usando seres humanos posteriormente nas pesquisas.

Além do apoio da Teoria da Evolução, da atitude da parcimônia, dos fatores envolvidos sob a perspectiva ética e da facilidade da simplificação de situações, há ainda outras razões de ordem metodológica para se empreender estudos com animais inferiores em Psicologia.

O *controle de variáveis,* no método experimental, é um ponto vital na realização de experimentos de um modo geral. Quando se estuda comportamentos e sua relação com as variáveis ambientais as quais podem vir a alterá-los, esse controle deve ser cuidadoso. Ao se usar inicialmente animais, em experimentos na Psicologia, pode-se ter um bom *controle da história genética* do organismo, a qual fornecerá dados indicativos de seus antecedentes, procedência, de como nasceu etc. Essas variáveis podem produzir mudanças nos resultados esperados, uma vez que as alterações genéticas também podem interferir nos comportamentos apresentados pelo organismo. Quando essas informações são desconhecidas, fica difícil saber se são essas variáveis que estão ou não alterando os resultados. Com o uso de animais, esses dados são possíveis de serem obtidos mais facilmente, quando, por outro lado, com seres humanos é difícil, e por vezes impossível se ter acesso a esse tipo de informações.

O *controle da história passada* do sujeito também é importante visto que é preciso conhecer as suas condições de vida e de aprendizagem anteriores. Com seres humanos é praticamente impossível controlar sua história passada e é difícil também se saber exatamente por quais situações passaram, os tipos de experiências e de aprendizagem que tiveram em suas vidas. Com animais isso tudo é possível, uma vez que eles podem ser criados sob condições específicas de acordo com as finalidades da pesquisa. São usados os chamados *animais ingênuos*, que não têm ainda história experimental que se pretende estudar. O tempo de vida dos animais, em alguns casos bastante curto, também facilita o controle de sua história de vida.

O *controle da história presente* do organismo também deve ocorrer para que não se torne uma "variável estranha" durante os estudos, produzindo alterações inesperadas nos resultados. Ela se refere ao controle das variáveis da situação na qual o sujeito se encontra no momento em que emite uma dada resposta, durante a observação e/ou a experimentação que estão sendo realizadas. Estudos realizados em situações controladas de laboratório, usando animais inferiores, tornam o controle da história presente maior.

Além dessas variáveis citadas, os estudos realizados com animais inferiores possibilitam, quando necessário, o controle de outros tipos de variáveis. É o caso do *controle do tipo e nível de privação do sujeito,* que se refere ao controle de que o animal será privado e por quanto tempo ocorrerá a privação. Por exemplo, um animal pode ser privado de comida, por um período de 48 horas. No entanto, novamente cabe enfatizar que, até por motivos éticos, não se poderia sujeitar uma pessoa a passar por tais circunstâncias, durante um período de sua vida, para fins de estudo. Teria cabimento, por exemplo, criar uma criança em total isolamento ou longe de sua mãe para depois testá-la em uma situação com outras crianças?

Outras variáveis, como a idade ideal para o estudo, o peso, o sexo podem afetar de algum modo o estudo de um ou mais comportamentos específicos. Com a utilização de animais inferiores, criados nos laboratórios sob condições especiais, podem ser controladas, desde o nascimento, as variáveis relevantes ao estudo. Com seres humanos, esse controle de variáveis seria mais difícil, visto que nem sempre se pode ter acesso às contingências às quais o organismo foi exposto anteriormente.

Apesar de todo o controle de variáveis ser mais fácil de ser feito com animais inferiores em laboratórios, isso não significa que pesquisas com seres humanos não possam e nem sejam feitas. Elas o são e devem ser realizadas, com cuidados maiores, devido a essas dificuldades no controle das inúmeras variáveis envolvidas. Como já apontado anteriormente, os estudos com seres humanos muitas vezes só são realizados após se ter dados de pesquisas com animais, os quais nos servem de base para os empreendimentos científicos com seres humanos, em qualquer área da ciência, além da real relevância desses estudos serem realizados com seres humanos.

Um outro ponto importante a ser salientado é o de que, como afirma Skinner (1985), "*as observações não sejam prejudicadas pela relação social entre o sujeito e o experimentador*". Sem dúvida, nos experimentos feitos com seres humanos, essa é uma variável que deve ser levada em consideração, visto que as *expectativas e os comportamentos do experimentador*, de um modo geral, podem interferir nos comportamentos da pessoa que será sujeito da pesquisa, sendo que o inverso também pode ocorrer. Isso pode ocasionar uma alteração nos dados obtidos na pesquisa. Quando são usados animais inferiores, essa relação é amenizada ou inexistente, não se correndo riscos de alteração dos resultados.

Além dessas razões para se usar animais em Psicologia *a escolha do animal mais adequado* para um certo experimento também é algo que merece discussão. Em Psicologia têm sido inúmeras as pesquisas com ratos brancos e pombos. Pombos são escolhidos em muitos estudos devido a uma vantagem que possuem sobre o rato branco: eles tem uma excelente capacidade visual, ao contrário dos ratos que, sendo albinos, demonstram dificuldade em enxergar e não possuem visão de cores. Outros animais têm sido empregados nas várias pesquisas, levando-se sempre em conta os comportamentos típicos da espécie e a resposta (ou comportamento) a ser estudada em cada espécie. A partir dessas considerações, há uma adaptação do equipamento a ser usado para cada tipo diferente de animal. Um pombo não pressionaria a barra usada na caixa de Skinner, assim como um rato branco jamais bicaria um disco para demonstrar sua capacidade de discriminar cores diferentes.

O *rato branco* foi utilizado inicialmente por Skinner em seus experimentos sobre o controle de comportamentos, cujos resultados permitiram a sistematização dos princípios básicos da Análise Experimental do Comportamento. A utilização desse tipo de sujeito foi extremamente ampliada, mantendo-se, em geral, o estudo da resposta de pressionar a barra na caixa de Skinner. Outros estudos também foram – e são – realizados com ratos brancos, usando outras respostas, tal como percorrer labirintos.

O rato branco como animal de laboratório tem sido empregado por fornecer algumas condições facilitadoras à prática experimental: ele é dócil e de fácil manipulação; a alimentação é facilmente adquirida e seu custo é baixo; pode-se manter um grande número de animais em laboratórios relativamente pequenos, ocupando pouco espaço. Enfim, é um animal que não requer grandes gastos de tempo e de dinheiro em relação à sua manutenção. Quanto aos pombos, o mesmo pode ser dito, salientando-se novamente a sua maior capacidade visual quando comparados aos ratos brancos.

Nos cursos de Psicologia, os ratos brancos têm sido usados por estudantes a fim de verificarem, na prática, a ocorrência dos princípios básicos da Análise Experimental do Comportamento. Além disso, tem-se também como objetivo, treinar esses estudantes a terem uma postura científica, relativa à execução de experimentos feitos em laboratórios.

Millenson (1975) fornece uma fórmula geral e simples para o delineamento de pesquisa com animais em Psicologia. A escolha do animal adequado é importante para que os resultados possam ser observados e aplicados a um grande número de espécies, incluindo o homem. Deve ser escolhido um organismo que emita *comportamentos operantes*, que possam ser modificados pela aprendizagem. Após a seleção da espécie, deve-se tomar cuidado de *escolher animais experimentalmente ingênuos*, ou seja, que não tenham passado pela situação experimental que vai ser estudada, a fim de se ter um controle de sua história passada. Finalmente, diz Millenson, deve-se *"motivar o animal"* a ser empregado na pesquisa, a fim de se exercer um controle adequado sobre a resposta desejada. A privação pode ser um meio de se "motivar o animal".

As vantagens de se utilizar animais são inúmeras e algumas das principais foram discutidas aqui. Resta discutir algumas *objeções* colocadas a esse respeito.

Muitos são os estudiosos que condenam as pesquisas feitas com animais na área de Psicologia. A equivalência que se pensa existir entre o homem e o animal inferior faz com que muitos não admitam que os resultados obtidos com animais sejam também usados com seres humanos. Afinal, não é o homem um ser mais dotado de inteligência, raciocínio, sentimentos? Como se pode usar os mesmos princípios para um e outro, se as diferenças comportamentais são marcantes e perfeitamente percebidas por qualquer um? Estas são algumas das objeções colocadas por alguns estudiosos.

Isso leva à discussão sobre a *transposição dos princípios e processos descobertos a partir de estudos feitos com animais para seres humanos.* Inegável é a complexidade dos comportamentos humanos. Os estudiosos que empreenderam, e ainda realizam, estudos com animais não seriam ingênuos a ponto de afirmar que a complexidade não existe e que a generalização dos princípios de um para outro se dá de modo simples e direto.

A análise experimental do comportamento pretende observar o comportamento e as variáveis que o afetam, estabelecendo relações funcionais entre eles para, com isso, prever e controlar os comportamentos dos organismos, sejam eles superiores ou inferiores. A análise experimental do comportamento não aceita a afirmação de que a diferença entre os comportamentos e as situações estudadas não é levada em conta, porque ela o é.

Assim a generalização dos princípios sistematizados, a partir de estudos com animais, não é feita de modo direto e simples, comparando-se respostas e estímulos.

As respostas, os estímulos consequentes e as situações são diferentes, mas os princípios básicos que regem os comportamentos são os mesmos e podem ser comparados, tanto nos animais inferiores como nos animais superiores. Mudam-se as respostas, os estímulos, mas os procedimentos e seus efeitos são igualmente aplicáveis e comparáveis. Tome-se como exemplo, a resposta de pressionar a barra em um rato albino. Não se compara essa resposta sendo reforçada com uma gota d'água com as complexas respostas do homem, por exemplo, diante da resolução complicadíssima de problemas. No entanto, mesmo sendo diferentes as respostas e os estímulos que as controlam, o mesmo procedimento básico pode estar envolvido em ambos os casos.

Além do mais, os princípios descobertos a partir de pesquisas realizadas com animais inferiores não foram diretamente transpostos para o uso na prática com seres humanos. Houve – e há – um estágio intermediário, no qual se verifica em situações controladas com seres humanos, se os princípios se aplicam da mesma forma a ambos. De fato, verificou-se que os princípios realmente são aplicáveis a um e a outro, salientando-se, porém, a complexidade das variáveis que influem no comportamento humano, visto que este está exposto a contingências mais complexas no meio ambiente natural. De qualquer forma, mesmo um rato, vivendo em seu *habitat* natural, estaria exposto a inúmeras variáveis que não estão presentes na situação da caixa de Skinner. Deve-se enfatizar que, antes de se proceder à generalização dos princípios observados em animais inferiores para seres humanos, são realizados estudos com estes últimos para se ter certeza de que os princípios se aplicam a ambos, da mesma maneira. O caminho percorrido entre as conclusões obtidas na pesquisa básica, posteriormente na pesqusia aplicada e, finalmente, chegando-se à aplicação pratica propriamente dita, é extenso. Nenhuma área da Ciência atreve-se a transportar e usar as conclusões resultantes da pesquisa básica diretamente para a aplicação prática em seres humanos.

Não se deve também esquecer que não é sempre que são realizados estudos com animais para posterior comparação com seres humanos. É o caso dos etólogos que estudam os comportamentos de animais, inclusive os dos homens, para um maior conhecimento das espécies.

Cabe enfatizar que seria uma posição ingênua não admitir que o homem está exposto a contingências muito mais complexas do que, por exemplo, um rato branco dentro de uma caixa de Skinner. Porém, o desenvolvimento de técnicas de observação, registro, manipulação e controle pode proporcionar uma predição e controle mais adequados do comportamento humano, quando se baseiam em estudos realizados com animais inferiores.

Cabe aos cientistas do comportamento isolar as variáveis das quais um dado comportamento é função e analisá-las em termos de relações estabelecidas com os comportamentos. Estudos com seres humanos tornam a tarefa mais complexa, mas não impossível e, por outro lado, é mais fácil e segura, já que se parte de dados de antemão conhecidos, obtidos através de estudos feitos com animais. Afinal, o progresso da ciência se deve também ao fato dela apresentar um processo cumulativo de dados, lançando mão de fatos já conhecidos para análises posteriores.

Os estudos realizados com animais inferiores não significa uma simplificação extrema na ciência do comportamento. É, no entanto, partindo-se de situações mais simples e controladas, em laboratórios, com pesquisas feitas com animais inferiores, que a ciência do comportamento pretende um maior conhecimento do comportamento humano, a fim de poder atuar nos diversos campos em que o homem se situa. O embasamento teórico e a segurança dos dados obtidos em pesquisas com animais inferiores tem servido para facilitar os estudos feitos com seres humanos. Esse processo tem se mostrado eficaz não só na ciência do comportamento, mas como em outros ramos da ciência, com a Biologia, Medicina etc.

O grande número de pesquisas, estudos e aplicações práticas em situações de terapia, escolas e na própria vida diária das pessoas têm demonstrado a validade e utilidade dos princípios estudados.

QUESTÕES DE ESTUDO

1. Qual o marco histórico que possibilitou a utilização de animais inferiores em laboratórios?
2. Quais as colocações feitas por Darwin, na teoria da Evolução?
3. O que estuda a Etologia?
4. Quem realizou os primeiros trabalhos com animais sobre o *condicionamento instrumental*?
5. Qual o sujeito experimental utilizado por Skinner em seus estudos e qual comportamento ele observou nesse sujeito?
6. O que significa a atitude científica da *parcimônia* e em que ela justifica, em parte, o uso de animais inferiores em pesquisas de comportamentos?
7. Sob o ponto de vista ético, por que é preferível empregar animais inferiores ao invés de seres humanos nas pesquisas?
8. Em relação à complexidade de comportamentos e controle de variáveis, por que é mais adequado usar animais inferiores em laboratórios?
9. Diga a que se refere cada um dos aspectos dados a seguir e justifique, para cada um deles, o uso de animais inferiores em certas pesquisas ao invés de seres humanos:
   a. História genética
   b. História passada
   c. História presente
   d. Nível e tipo de privação
   e. Relação social entre sujeito e experimentador
   f. Controle de variáveis estranhas como sexo, idade, etc.
10. Quais os animais que têm sido mais comumente estudados nos laboratórios de Psicologia?
11. Por que o pombo tem sido escolhido em determinados estudos?
12. Por que o rato branco tem sido escolhido em outros estudos realizados na área de Psicologia?
13. Quais os três conselhos dados por Millenson (1975) para a escolha do animal adequado para ser utilizado em experimentos?
14. Qual a crítica mais comum feita ao uso de animais em estudos de Psicologia?
15. De que forma pode ser feita a generalização dos dados obtidos em estudos realizados com animais para o uso com seres humanos?
16. Por que os dados obtidos em experimentos com animais inferiores em laboratórios tornam mais fácil se fazer pesquisas de comportamentos de seres humanos?

2

ROTINA DE LABORATÓRIO

As instruções que se seguem têm por objetivos:

- Proporcionar ao aluno maior autonomia e independência das constantes e repetitivas orientações por parte do professor, para dúvidas e dificuldades que o próprio aluno é capaz de esclarecer e superar por si mesmo;
- Maximizar os acertos na execução dos procedimentos experimentais, propostos neste manual.

Assim sendo, este texto fornece uma descrição clara das atitudes esperadas e de atividades sistemáticas que o aluno deve executar, invariavelmente, *antes* do início do experimento, que se denomina *rotina de preparação do ambiente experimental,* e ao *término* do experimento, que se denomina *rotina de finalização do experimento*. É óbvio que alguns dos itens abaixo deverão ser adaptados em função da especificidade da organização de cada curso e das instalações do laboratório.

Rotina de preparação do ambiente experimental

1. Mantenha silêncio nas dependências do laboratório. Esta exigência se justifica, principalmente, porque a presença de ruídos alheios à situação experimental constitui-se em estimulação que interfere de forma prejudicial no desempenho do animal.
2. Leia as instruções do exercício a ser feito, antes do horário da aula de laboratório.
3. Tenha sempre consigo o seu material: avental, manual de laboratório, caneta, lápis e borracha, indispensáveis para a execução dos exercícios de laboratório.

4. Vista o avental. O uso do avental (equipamento de proteção obrigatório) cumpre uma norma legal e esta é uma exigência feita a todas as pessoas que circulam e trabalham em biotérios e laboratórios.

5. Lave as mãos, antes e após a realização do experimento. Este hábito visa a manutenção da higiene e a preservação da saúde do experimentador bem como a do sujeito experimental.

6. Seria aconselhável ter uma pasta para arquivar os registros de dados dos experimentos realizados. Antes do início do experimento, tenha esta pasta em mãos.

7. Preencha a Ficha de Controle de Atividades: coloque a data e o nome do exercício a ser realizado.

8. O cabeçalho da Folha de Registro deve ser preenchido de forma completa para se ter os dados necessários sobre o experimento.

9. Quando houver dúvidas quanto ao procedimento experimental a ser realizado, solicite esclarecimento antes de trazer o animal do biotério.

10. Prepare seu equipamento. Verifique se todos os aparelhos estão ligados e funcionando adequadamente. Comunique imediatamente ao professor qualquer defeito constatado em seu funcionamento, para que as providências sejam tomadas.

11. Encha a cuba de água, quando o procedimento experimental assim o exigir.

12. Após o ambiente experimental estar adequadamente preparado, dirija-se ao biotério para pegar o rato. Ao receber o animal confira para se certificar que é, efetivamente o número de identificação dele, o seu sujeito experimental.

13. Ao transportar o rato até a câmara experimental, evite movimentos bruscos durante o trajeto e conserve-se em silêncio, uma vez que estas variáveis podem interferir no comportamento do sujeito.

14. Seja cuidadoso ao colocar a caixa de transporte sobre a mesa. Muitas vezes a própria gaiola-viveiro assume esta função, e como o fundo é vazado, as patas ou o rabo do animal poderão ser prensados.

15. Assim que você colocar o rato na câmara experimental, o procedimento experimental deve ser imediatamente iniciado.

16. Realize o procedimento experimental proposto e faça o registro dos dados solicitados de maneira adequada, fiel e precisa.

17. Caso haja alguma dificuldade, durante a realização do procedimento, solicite auxílio do professor ou monitor.

Rotina de finalização do experimento

1. Nos últimos 2 ou 3 minutos antes do encerramento do procedimento, solicite a presença de seu professor para que ele avalie o desempenho do animal e o registro dos dados.

   Não retire o rato da câmara experimental antes que o professor verifique seu desempenho. Esta recomendação é válida para todos os exercícios.

2. Após a avaliação e a autorização do professor, retire o rato da câmara experimental, coloque-o na caixa de transporte e devolva-o ao biotério.

   A fim de evitar que todo o trabalho realizado com o animal seja prejudicado, jamais libere água à vontade, terminado o experimento.

3. Retorne à sala experimental e deixe seu equipamento exatamente como você o encontrou: desligado, limpo e seco. Lembre-se de retirar a água da cuba. Outras pessoas utilizarão este equipamento e por isso deixe-o sempre em ordem.

4. Complete os dados da folha de registro.

3

MANUSEIO DO EQUIPAMENTO BÁSICO DE LABORATÓRIO

O objetivo deste exercício é levá-lo a conhecer e manusear adequadamente os equipamentos que serão utilizados nos experimentos de condicionamento. Os aparelhos utilizados e descritos neste texto, referem-se aos modelos tradicionais, fabricados pela Fundação Brasileira para o Desenvolvimento do Ensino de Ciências (FUNBEC).

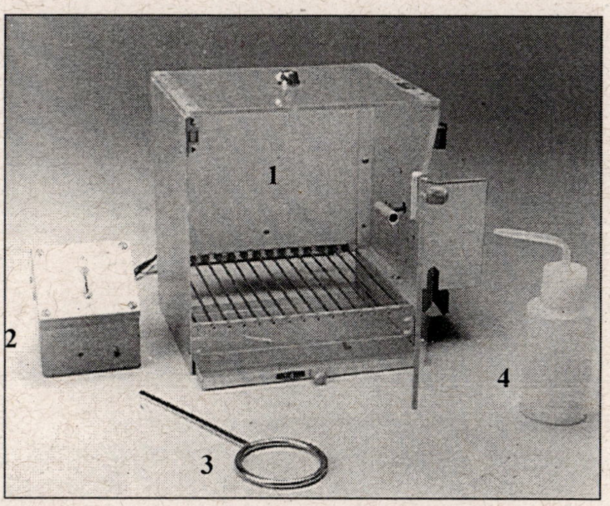

Fig. 1 A câmara experimental (1) conectada à caixa de controle (2), a argola de metal (3) e almotolia (4).

O equipamento experimental básico é composto pelos seguintes aparelhos:

- A *câmara experimental ou caixa para condicionamento operante em ratos (caixa de Skinner);*
- A *caixa de controle*, conectada por um fio à câmara experimental; e
- O *cronômetro*

A *câmara experimental* é a parte do equipamento onde o animal permanece durante o experimento. O rato é observado através da porta frontal transparente, dotada de dispositivos seguros para mantê-lo preso, durante o exercício. O piso da câmara é constituído por grades paralelas. Abaixo do piso gradeado há uma bandeja de alumínio destinada a reter os detritos, quando eventualmente, o animal defeca ou urina durante o experimento. No término de cada exercício, esta bandeja é retirada, lavada no local adequado e recolocada na câmara experimental.

Dentro da câmara, fixada na parede lateral direita, existe uma barra metálica cilíndrica que o rato aprenderá a pressionar.

No ressalto do piso da câmara, exatamente abaixo da barra, existe uma *abertura em forma de círculo* que permite ao animal receber água. O reservatório de água é constituído por uma *cuba plástica*, localizada na lateral direita externa e inferior da câmara, e a gota de água é trazida para o animal por meio de *uma pequena concha (bebedouro)*. A cuba plástica pode ser removida do encaixe de metal, permitindo ao experimentador, o abastecimento e a retirada da água do reservatório.

O dispositivo que controla o funcionamento do bebedouro é acionado eletricamente, permitindo dar ao animal uma gota de água por vez. Para verificar se o nível de água está alcançando a concha do bebedouro, basta que o experimentador passe o dedo sobre a concha após o acionamento do bebedouro. Este é um procedimento que deve ser feito sistematicamente antes do início de cada exercício.

A *almotolia* é uma garrafa plástica, dotada de um bico especial comprido e fino, que permite colocar ou retirar água da cuba durante o experimento, sem que seja necessário deslocar a cuba do encaixe de metal, o que poderia interferir diretamente no desempenho do animal.

A *caixa de controle* é um equipamento que está conectado por um fio diretamente à câmara experimental. No painel frontal da *caixa de controle* existe uma chave elétrica que seleciona o tipo de ligação a ser usada. Quando o reservatório de água está cheio e esta chave é acionada, fecha-se o circuito elétrico que opera a liberação da água no bebedouro.

A chave elétrica pode assumir três posições: automático(A), desligado(D) e manual (M):

- Quando a chave está na posição (A), todas as vezes que a barra é pressionada, o bebedouro também é acionado, automaticamente. Um ruído característico e nitidamente audível é produzido pelo acionamento do interruptor. A concha desce até a cuba e retorna ao nível do ressalto do soalho da caixa;

- Quando a chave está na posição (D) o bebedouro *não* é acionado, mesmo que a barra seja pressionada;

- Quando a chave está na posição (M), o funcionamento do bebedouro é controlado manualmente pelo experimentador. Em outras palavras, cada vez que se desloca a chave para a posição (M), o bebedouro é acionado.

O *cronômetro* utilizado nos experimentos é digital, movida a bateria ou elétricidade proveniente de tomadas.

O *cronômetro digital* possibilita a medida de tempo, dada em horas, minutos, segundos e décimos de segundos, apresentados no visor central, exatamente nesta sequência, em pares de dígitos. Seu funcionamento eletrônico é alimentado por bateria. Em geral, possui dois ou três botões de comando, que exercem as funções de:

- Iniciar e suspender a contagem do tempo;

- Zerar a contagem do tempo; e

- Indicar a hora local, tal como um relógio digital (para os cronômetros com três botões).

O *cronômetro elétrico* é um aparelho que possui um interruptor do lado direito e dois mostradores circulares no lado esquerdo: um que registra o tempo em minutos e outro, em segundos. Manipulando-se os ajustes do cronômetro, pode-se corrigir os mostradores. Para fazê-lo, o interruptor deve estar necessariamente *desligado,* sob pena de lesar o aparelho. O mostrador de minutos é ajustado pelo disco localizado na parede lateral esquerda do cronômetro. O mostrador de segundos é ajustado pelo disco localizado na parede do lado inferior. Ao iniciar um experimento, deve-se fazer com que o ponto zero dos mostradores coincida com a marca do painel frontal.

Além destes aparelhos, outros ainda serão acrescidos ao conjunto experimental, na medida da necessidade dos exercícios e mais detalhadamente descritos, no momento oportuno:

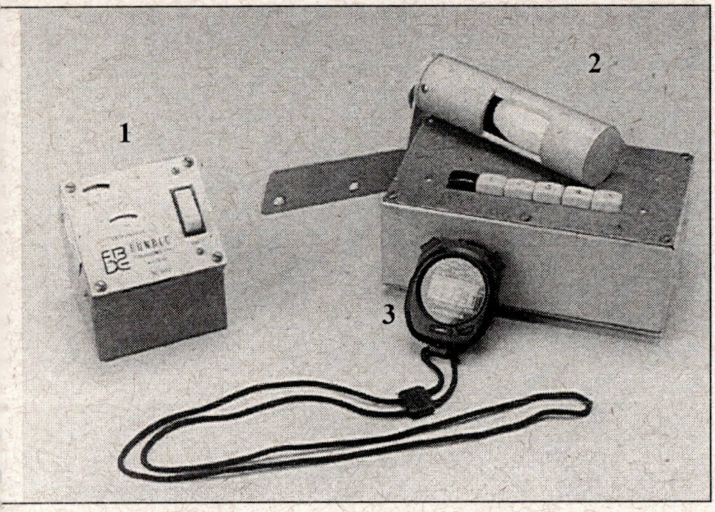

Fig. 2 O cronômetro elétrico(1), a caixa de controle de luz(2) e o cronômetro digital (3)

- A *caixa de controle de luz*, cuja utilidade é o controle da apresentação do estímulo luminoso;
- A *argola* de metal; e
- O *contador de respostas*, que é um aparelho que pode ser conectado com a caixa de controle, permitindo o registro automático acumulado das respostas de pressionar a barra, quando a chave da caixa de controle encontra-se na posição (A).

Alerta-se para as seguintes implicações em sua utilização:num curso básico de Análise Experimental do Comportamento, considera-se essencial o treino do registro manual das respostas pelo próprio experimentador; raramente o aparelho tem se revelado preciso na contagem das respostas.

4

MANUSEIO DO SUJEITO EXPERIMENTAL

O objetivo deste exercício é levá-lo a manusear adequadamente o rato, isto é: retirá-lo da caixa de transporte e colocá-lo na câmara experimental, bem como realizar a operação inversa, sem causar danos a si próprio e/ou ao animal.

É imprescindível buscar atitudes que primem pela ética e pelo rigor metodológico, no que se refere ao controle de variáveis estranhas que podem interferir no repertório comportamental deste sujeito.

Para atingir este objetivo, você executará três tarefas:

- Ler o texto que se segue e que fornece informações importantes sobre o sujeito experimental;
- Assistir à demonstração do manuseio feita pelo professor ou pelo bioterista; e
- Praticar o manuseio do rato.

O rato como sujeito experimental

A espécie animal mais comumente utilizada em exercícios de condicionamento, num curso básico de Análise Experimental do Comportamento, é a *Rattus novergicus*, de linhagem *Wistar* – um rato albino.

Seu uso oferece algumas condições facilitadoras à prática experimental: é um animal que se habitua ao contato e manuseio humano, sendo de fácil manipulação; apresenta grande facilidade de reprodução com alta taxa de natalidade; a alimentação é facilmente adquirida e o custo de sua manutenção é relativamente baixo, quando comparada à de outros animais; pode-se manter uma grande quantidade de animais, ocupando um espaço relativamente pequeno.

Dados sobre o desenvolvimento do rato albino Wistar

O filhote nasce sem pêlo, cego, com olhos e orelhas fechadas, patas ainda subdesenvolvidos e rabo curto. Sua locomoção se dá, neste primeiro momento, por movimentos semelhantes ao "remar"e o corpo apresenta movimentos espasmódicos.[4]

No quadro a seguir estão esquematizados alguns outros aspectos da história de vida do animal (UFAU Handbook, 1987). Em média:

Dados sobre o sujeito experimental

Peso inicial	entre 5 e 6 gramas
Abertura das orelhas	2 a 4 dias
Surgimento dos dentes incisivos	8 a 10 dias
Abertura dos olhos	14 a 17 dias
Pelagem do corpo visível	16 dias
Desmame	21 a 28 dias
Maturidade sexual da fêmea	50 a 60 dias
Ciclo estral	repete-se a cada 4 ou 5 dias
Duração do cio	14 horas
Época de acasalamento	qualquer época do ano
Duração da gestação	22 dias
Tamanho da ninhada	3 a 15 filhotes
Menopausa	450 dias
Peso da fêmea adulta	250 a 300 gramas
Peso do macho adulto	300 a 400 gramas
Expectativa de vida	3 anos

[4] Embora, por uns tempos, sem visão e audição e com uma locomoção precária, os filhotes dispõem de um bom olfato que lhe permitem se orientar com precisão para as tetas da mãe.

SEXO

O rato macho é usado preferencialmente à fêmea.

Tradicionalmente o macho tem sido descrito como tendo um comportamento mais estável, por não estar sujeito às flutuações do ciclo hormonal/estral.

Porém, dados obtidos por Fuchs e Watanabe (1988a, b, c) demonstram não haver diferenças qualitativas e quantitativas relevantes, em relação ao que seria esperado pelo rato macho, no que se refere ao desempenho das fêmeas, quando submetidas aos exercícios propostos neste manual.

A diferença constatada parece restringir-se à maior facilidade de manuseio do rato macho.

IDADE

Geralmente o rato têm entre 90 e 120 dias no início dos experimentos, sendo que a idade ideal é de 100 dias.

Nesta ocasião o animal atinge uma assíntota em seu desenvolvimento, em termos de peso. Esse início de estabilização, permite um maior controle de sua privação e maior chance de sobrevivência frente ao programa de privação imposto, durante o período experimental.

REPERTÓRIO COMPORTAMENTAL

O rato é experimentalmente ingênuo, isto é, não foi submetido a nenhum dos experimentos programados no curso.

PROCEDÊNCIA

Preferencialmente o rato deveria proceder de uma ninhada nascida no próprio biotério da instituição de ensino.

No entanto, como a procriação demanda práticas e conhecimentos técnicos bastante específicos, é comum que os animais procedam de outros biotérios, onde são criados e mantidos em grande escala.

Em São Paulo, capital, é usual que instituições como o Instituto Zoológico de São Paulo, Instituto Biológico de São Paulo, entre outras, façam a doação destes animais para fins de pesquisa.

Quando não está em sessão experimental, o rato é alojado e mantido em condições especiais no Biotério.

a. *Alojamento* – O rato deve ser preferencialmente mantido em gaiola-viveiro de aço inoxidável, alocada em estante do mesmo material.

A gaiola tem a parte dianteira e o soalho em chapa perfurada, com malhas adequadas que dão boa aeração e permitem a passagem dos detritos para uma bandeja inferior, que deve ser forrada com material (jornal ou maravalha) que facilite uma adequada higiene e profilaxia ambiental.

Cada gaiola-viveiro possui:

- Um cocho de alimentação*, suspenso e acoplado à parte dianteira da gaiola, o que evita o contato da ração com as fezes e urina; e
- Uma garrafa de água com bico apropriado, acoplada no mesmo local.

b. *Ambiente* – Procura-se manter uma ventilação adequada, uma temperatura ambiente constante em torno de uma média de 20 graus centígrados e a umidade ambiental entre 40 e 60%. Tais variáveis são, em geral, controladas por aparelhos condicionadores de ar, aquecedores e exaustores.

c. *Alimentação* – A ração fornecida como alimento é industrializada e própria para ratos. Apresenta um formato cilíndrico e em sua composição existem ingredientes, tais como: soja, peixe em pó, leite em pó, aveia, trigo, fubá, alfafa, gordura animal, vitaminas, sal e minerais variados.

Em condições normais, o rato consome diariamente entre 12 e 15 gramas de ração.

d. *Fornecimento de água e esquema de privação* – Em condições normais, o rato ingere diariamente 15 ml de água. A água fornecida deve passar por um sistema de purificação eficiente.

Adota-se, na maioria das vezes, um período de privação de água de 24 horas (no mínimo) antes do condicionamento ser realizado, para que a água adquira o poder de atuar como um estímulo reforçador positivo durante o mesmo. Quando o rato está submetido ao regime de privação de água, retirar-se a garrafa de água por períodos de tempo determinados.

e. *Controle de peso* – Cada rato, individualmente, é pesado uma balança, no mínimo, uma vez por semana.

A pesagem fornece um indicador razoavelmente preciso do estado de privação, assim como, se constitui num indicador de alterações de natureza mórbida. Além disso, o ato de pesar é mais uma oportunidade para que o animal se habitue ao manuseio pelo ser humano.

f. *Manuseio do rato pelo bioterista* – Recomenda-se um sistemático manuseio do rato pelo bioterista, a partir do momento em que é colocado na gaiola-viveiro.

Com este procedimento uma série de vantagens têm sido obtidas a nível comportamental: maior índice de comportamento exploratório, maior rapidez no tempo de habituação à câmara experimental, menor índice de mordidas e arranhões na pessoa que o manuseia, quando é colocado ou retirado de uma caixa para outra (Fuchs e Watanabe, 1988a, b, c).

g. *Limpeza e desinfeção geral do biotério* – É feita diariamente pelo bioterista.

h. *Destino após o cumprimento do programa de condicionamento* – Os ratos geralmente são doados para outras áreas de pesquisa ou permutados por uma nova remessa de ratos ingênuos, com a instituição de procedência. Isto acontece porque, uma vez que estes já foram submetidos a todo um programa de condicionamento, eles não se prestam mais a esta finalidade.

Informações gerais sobre o manuseio do rato no laboratório

O manuseio do rato é bastante simples, desde que você siga as orientações, e o grande segredo está em realizar todos os movimentos descritos, de forma lenta, porém precisa e firmemente. O manuseio, quando feito de forma adequada, permite que haja uma habituação do animal com o experimentador e dele com o ambiente experimental.

Não é necessário que você fique ansioso. Lembre-se que ele está habituado ao contato humano, uma vez que o bioterista manuseia-o diariamente.

O rato pode reagir bruscamente frente a estímulos repentinos e intensos. Portanto, evite falar, produzir ruídos fortes e apresentar movimentos bruscos quando em contato com o animal.

O fato de estar habituado a viver numa situação de confinamento e em condições que não oferecem grandes ameaças parece impedir o pleno desenvolvimento de respostas tais como: movimentar-se rapidamente, correr, saltar e fugir.

PROCEDIMENTO

Depois de assistir à demonstração do manuseio, feita pelo professor ou pelo bioterista, você irá fazer o manuseio o seu rato. Para isto siga as instruções que se seguem:

1. Vista o avental e abotoe-o.
2. Lave as mãos, antes e após, a realização do experimento. O uso da luva é opcional.
3. Preencha a ficha de controle de atividades: coloque a data e o nome do exercício a ser realizado.
4. Abra a porta da câmara experimental.
5. Após autorização do professor, vá ao biotério e pegue o seu animal.
6. Coloque a caixa de transporte, contendo o animal, sobre a mesa próxima à câmara.
7. Retire a tampa da caixa de transporte, cuidadosamente.
8. Introduza sua mão, lentamente, na caixa de transporte, passando suavemente o dorso de sua mão sobre o dorso do animal.
9. Ajuste sua mão ao corpo do animal de forma que a palma esteja em contato com o dorso do animal. As patas dianteiras do rato são imobilizadas entre o seu dedo indicador e o médio de um lado, e o seu polegar do outro, situado atrás da pata dianteira.

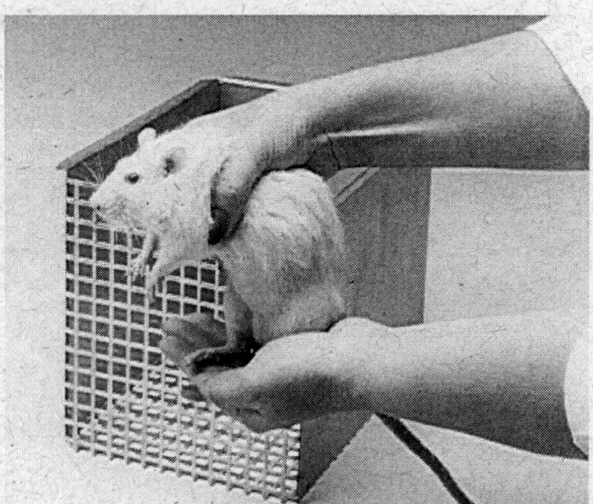

Fig.3 Assim, com os seus dedos abraçando o tórax do animal, e imobilizando as patas, você impede que ele escape, estando na posição correta para ser retirado da caixa de transporte.

10. Segurando-o firmemente na posição acima descrita, retire o animal da caixa de transporte e coloque-o no fundo da câmara experimental (Fig. 4)[5]

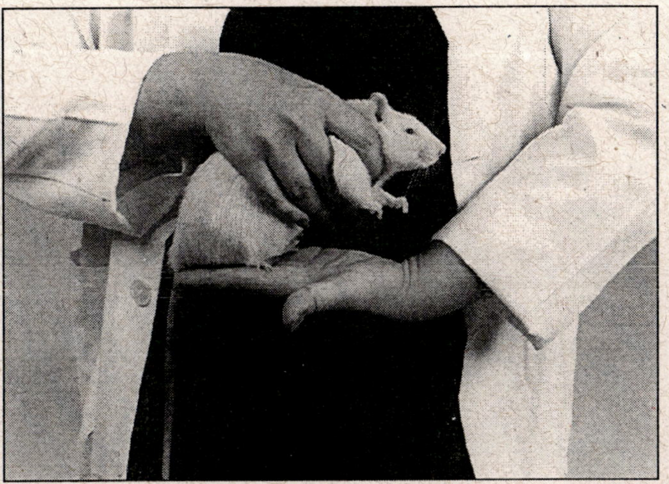

Fig. 4 Manuseio para transporte do sujeito experimental. (Observe que os dedos indicador e polegar restringem a possível movimentação da cabeça, enquanto que os demais dedos prendem e sustentam o animal. Para o maior conforto, redução de movimentação e proteção extra ao animal, a outra mão apoia as patas do sujeito.

11. Feche a porta da câmara, cuidadosamente, evitando prensar partes do corpo do animal.

Nos exercícios posteriores o animal permanece na câmara, até o encerramento da atividade proposta.

12. Porém, neste exercício, por tratar-se de uma simulação, abra a porta vagarosamente e introduza sua mão lentamente; ajuste-a na posição anteriormente descrita e retire o rato da caixa.

13. Recoloque-o na caixa de transporte, fechando-a com a tampa.

14. Após a autorização do professor, leve o animal ao biotério.

[5] Caso o animal se agarre nas grades da câmara, segure-o firmemente mantendo a posição correta e desloque vagarosamente sua mão para a direita e para a esquerda, até que ele se solte das grades com cuidado para não machucá-lo.

5

NÍVEL OPERANTE DA RESPOSTA DE PRESSIONAR A BARRA

Sua tarefa básica neste exercício será a *observação*. Mais precisamente, você terá oportunidade de observar o que faz um rato *Wistar*, experimentalmente ingênuo, quando lhe é permitido mover-se livremente na câmara experimental.

Observações anteriores, nas mesmas condições, indicaram que o organismo apresenta um vasto repertório de respostas. Desse repertório, o experimentador seleciona uma resposta para estudo. Teoricamente, qualquer resposta, desde que operante, se prestaria a estudos de condicionamento operante. O comportamento selecionado para o estudo é a *resposta de pressionar a barra*.

Existem várias e importantes razões para a seleção desta resposta em particular. A principal delas é que ela, ao contrário das demais que o sujeito apresenta na situação, pode ser facilmente observada, definida operacionalmente e registrada precisamente.

Nos experimentos de condicionamento, a serem realizados futuramente, você irá verificar se a apresentação de água aumenta a frequência da resposta de pressionar a barra, em um rato privado de água. No caso, cada resposta será seguida pela apresentação de uma gota de água.

Nível operante é o nome técnico que se dá à frequência com que uma resposta ocorre, antes da introdução da variável independente, neste caso, a apresentação de água.

Em nosso caso, a principal utilidade de se medir o nível operante é que se pode usá-lo para comparar a quantidade de respostas antes e depois da introdução da contingência do reforço e avaliar seus efeitos, isto é, se houve alteração na frequência da resposta em função da apresentação da água.

O objetivo deste exercício é, portanto, determinar o nível operante da resposta de pressionar a barra por um rato privado de água, e ainda, concomitantemente, ambientá-los, sujeito e experimentador, à situação experimental.

Estando o animal dentro da câmara experimental, para efeito de registro, será considerada como "*resposta de pressionar a barra: abaixar a barra, com uma ou ambas as patas dianteiras, de modo a produzir um "clic" audível*" (Guidi e Bauermeister, 1979).

Equipamento

Os equipamentos utilizados neste exercício são: a câmara experimental conectada à caixa de controle e cronômetro.

Folha de Registro

É uma tabela constituída por quatro colunas: a primeira refere-se ao tempo de exercício, minuto a minuto; a segunda destina-se ao registro das respostas emitidas pelo sujeito; a terceira e a quarta colunas, para a quantificação da frequência das respostas.

Procedimento

1. Proceda à *rotina de preparação do ambiente experimental.*
2. Acione manualmente o bebedouro, deslocando a chave da caixa de controle para a posição (M).
3. Certifique-se de que haja água suficiente na cuba, verificando se existe uma gota de água na concha do bebedouro.
4. Seque bem a concha do bebedouro.
5. Coloque a chave da caixa de controle na posição (D).

Tenha claro que, no decorrer da determinação do nível operante, as respostas de pressionar a barra *não serão seguidas* pela apresentação de água.

6. Posicione a folha de registro e a caixa de controle de tal forma que fiquem fora do campo visual do animal, a fim de que a sua movimentação para anotar respostas e/ou acionar o controle não interfira no desempenho do mesmo, ficando sob controle esta variável estranha.

7. Após o ambiente experimental estar adequadamente preparado, vá ao biotério, pegue seu animal e coloque-o dentro da câmara experimental.

8. Ligue o cronômetro imediatamente.

9. *Durante 30 minutos* registre o número de respostas de pressionar a barra emitidas pelo animal, minuto a minuto.

10. As respostas de pressionar a barra deverão ser anotadas na folha de registro de acordo traços verticais, mais ou menos assim: ////.
    Quando o rato não emitir resposta, durante o intervalo de um minuto, faça um traço horizontal, no local correspondente na folha de registro.

11. Proceda à *rotina de finalização do experimento.*

NOME DO EXERCÍCIO:	Nível Operante		
Nº DO SUJEITO:		DATA:	
HORAS DE PRIVAÇÃO:		FOLHA Nº	

min	Respostas	Freq. absoluta	Freq. acumulada
1			
2			
3			
4			
5			
6			
7			
8			
9			
10			
11			
12			
13			
14			
15			
16			
17			
18			
19			
20			
21			
22			
23			
24			
25			
26			
27			
28			
29			
30			

6

TREINO AO BEBEDOURO

O objetivo deste exercício é, através do procedimento de *reforçamento positivo*, fazer com que haja aumento da probabilidade do animal aproximar-se do bebedouro e beber a água disponível na concha, diante do ruído produzido pelo acionamento da alavanca do bebedouro, promovendo a associação entre a presença do ruído e a apresentação da água na concha.

Além disso, o som produzido pelo acionamento do bebedouro às vezes pode eliciar comportamentos respondentes: eriçar os pelos, defecar, urinar, entre outros. Neste caso, o animal afasta-se do bebedouro e, por vezes, permanece imóvel. Assim, um outro objetivo do exercício é dessensibilizá-lo a esta situação.

Equipamento

Os equipamentos utilizados neste exercício são: a câmara experimental conectada à caixa de controle e cronômetro.

Folha de Registro

É uma tabela constituída por quatro colunas: a primeira refere-se ao tempo de exercício, minuto a minuto; a segunda destina-se ao registro das respostas emitidas pelo sujeito; a terceira e quarta colunas, para a quantificação da frequência das respostas.

Procedimento

1. Proceda à *rotina de preparação do ambiente experimental*, descrita no capítulo 2, 3ª parte.

2. Acione manualmente o bebedouro, deslocando a chave da caixa de controle para a posição (M).

3. Certifique-se de que haja água suficiente na cuba, verificando se existe uma gota de água na concha do bebedouro.

4. Acione mais uma vez o bebedouro manualmente, deixando uma gota de água na concha.

5. Após o ambiente experimental estar adequadamente preparado, vá ao biotério, pegue seu animal, leve ao laboratório e o coloque dentro da câmara experimental.

6. Ligue o cronômetro imediatamente.

7. Observe e anote da folha de registro a resposta de beber água no minuto correspondente em que isto ocorreu..

   Cada resposta de beber água deverá ser anotada na folha de registro de acordo com o seguinte sinal: X

8. No momento em que o rato *erguer o focinho, introduza uma outra gota de água*, acionando manualmente o bebedouro, e faça o registro da resposta de beber água no minuto correspondente.[6]

9. Repita a operação descrita acima mais quatro vezes seguidas, totalizando seis reforços liberados.

10. A partir deste momento, você só irá liberar um reforço positivo (gota de água), imediatamente após o animal emitir uma destas respostas: afastar-se do bebedouro, olhar em direção à porta da câmara experimental ou em direção à barra, erguer-se nas patas traseiras, apoiar as patas dianteiras nas paredes da câmara, andar pela câmara etc. Faça isto até completar 10 reforços liberados(6 antes + 10 agora = 16 reforços).

[6] Caso o animal não beba a primeira gota de água até o quinto minuto do exercício, você deverá acionar o bebedouro mais uma vez

O importante é que você *não libere água*, se o rato estiver com o focinho muito próximo ou direcionado diretamente para o bebedouro.

Lembre-se que o objetivo do experimento é verificar se houve associação entre a presença do ruído, produzido pelo acionamento do bebedouro, e a apresentação da água na concha.

Você deve continuar o registro da resposta de beber água, com um X, no minuto correspondente. No final do exercício o animal terá emitido, um total de 16 respostas de beber água.

11. Proceda à *rotina de finalização do experimento,* descrita no capítulo 2, 3ª parte.

NOME DO EXERCÍCIO:	Encadeamento de respostas		
Nº DO SUJEITO:		DATA:	
HORAS DE PRIVAÇÃO:		FOLHA Nº	

min	Respostas	Freq. absoluta	Freq. acumulada
1			
2			
3			
4			
5			
6			
7			
8			
9			
10			
11			
12			
13			
14			
15			
16			
17			
18			
19			
20			
21			
22			
23			
24			
25			
26			
27			
28			
29			
30			

7

MODELAGEM E CRF

O objetivo desse exercício é o de instalar a resposta de pressionar a barra (*resposta final* desejada) no repertório do animal, através da *modelagem* e estabilizá-la no *esquema de reforçamento contínuo*.

Uma vez que o sujeito estava privado de água, a água torna-se um reforço positivo potencial, isto é, quando apresentado imediatamente após a resposta de pressionar a barra, espera-se um aumento na frequência dessa resposta.

Na modelagem, as respostas, que gradualmente vão se aproximando de um desempenho final desejado são reforçadas de forma diferenciada: reforça-se uma *resposta inicial:* quando esta estiver ocorrendo com uma frequência regular, passa-se a reforçar somente as *respostas intermediárias*, que mais se aproximam da resposta final: as respostas intermediárias são sucessivamente selecionadas e reforçadas, até que a *resposta final* ocorra, quando então, apenas ela é reforçada.

Visando que o animal atinja a resposta final, uma possível sequência comportamental seria:

- Aproximar-se do local onde o conjunto barra e bebedouro estão localizados;
- Olhar em direção à barra, estando próximo ao bebedouro;
- Aproximar o focinho da barra;
- Cheirar a barra;
- Colocar o focinho na parte superior da barra;
- Erguer as patas dianteiras, estando de frente para a barra;
- Sustentar-se sobre patas traseiras, estando de frente para barra e com as patas dianteiras erguidas;

- Apoiar as patas dianteiras na parede bem próxima e acima da barra;
- Tocar a barra com uma ou ambas as patas; e
- Pressionar a barra com uma ou ambas as patas.

Mais do que uma ordem rígida a ser seguida, a sequência descrita visa fazê-lo perceber que a exigência, para a liberação do reforço, vai sendo gradualmente aumentada para respostas que cada vez mais se aproximam da resposta final, em termos da topografia (movimentos) ou da intensidade (força).

Após a modelagem, o reforçamento positivo da resposta de pressionar a barra é feito sob um *esquema de reforçamento contínuo(CRF)*, tendo a finalidade de permitir sua rápida estabilização no repertório comportamental do organismo. Desta forma, cada resposta de pressionar a barra é seguida imediatamente por um reforço positivo.

Equipamento

Os equipamentos utilizados neste exercício são: a câmara experimental conectada à caixa de controle e cronômetro.

Folha de Registro

É uma tabela constituída por quatro colunas: a primeira refere-se ao tempo de exercício, minuto a minuto; a segunda destina-se ao registro das respostas emitidas pelo sujeito; a terceira e quarta colunas são usadas para a quantificação da frequência das respostas.

Procedimento

1. Proceda à *rotina de preparação do ambiente experimental.*
2. Acione o bebedouro manualmente, deixando uma gota de água na concha.
3. Após o ambiente experimental estar adequadamente preparado, vá ao biotério, pegue seu animal, leve ao laboratório e o coloque dentro da câmara experimental.
4. Ligue o cronômetro.
5. Confira com seu professor se você irá retomar parte do treino ao bebedouro ou se a Modelagem será iniciada imediatamente.

a. Se for retomar o treino ao bebedouro, observe e registre a primeira resposta de beber água, com o sinal X, no minuto correspondente.

b. No momento em que o rato levantar o focinho, ou se afastar do bebedouro, introduza a segunda gota de água, acionando manualmente o bebedouro e faça o registro da resposta.

c. Repita a operação descrita até totalizar cinco gotas.

6. *Modelagem do comportamento de pressionar a barra*

Terminado o retreino ao bebedouro, ou se o professor indicou que você deve pular esta etapa, passe ao procedimento de modelagem.

A partir deste momento, você só vai liberar o reforço positivo se o animal emitir alguma resposta que se aproxime sucessivamente da resposta final desejada.

Reforce a resposta inicial e as intermediárias, tal como foi discutido anteriormente.

Duas recomendações importantes:

- Libere o reforço positivo *imediatamente após* a resposta emitida desejada; e
- Não reforce muitas vezes a resposta inicial ou a mesma resposta intermediária para evitar uma rápida saciação. Cada uma das respostas deve ser reforçada de 3 a 4 vezes, no máximo.

7. Quando o animal pressionou a barra, "fazendo o clic" característico, continue reforçando manualmente até que ele tenha completado *um total de cinco respostas.*
8. Até este momento do exercício, você registra as respostas de beber água, com o sinal X, no minuto correspondente na folha de respostas.
9. *Instalação da resposta de pressionar a barra em esquema de reforçamento contínuo (CRF)*

a. Assim que a resposta de pressionar a barra esteja modelada e tenha sido reforçada cinco vezes, coloque a chave da caixa de controle na *posição (A)*. Desta forma, todas as respostas emitidas serão automaticamente seguidas de reforço positivo.

b. Continue este procedimento *até que o animal permaneça 3 minutos consecutivos sem pressionar a barra.*

c. Anote todas as respostas de pressionar a barra, minuto a minuto, utilizando barras verticais: ////

10. Proceda à *rotina de finalização do experimento.*

NOME DO EXERCÍCIO:	Nível Operante		
Nº DO SUJEITO:		DATA:	
HORAS DE PRIVAÇÃO:		FOLHA Nº	

min	R e s p o s t a s	Freq. absoluta	Freq. acumulada
1			
2			
3			
4			
5			
6			
7			
8			
9			
10			
11			
12			
13			
14			
15			
16			
17			
18			
19			
20			
21			
22			
23			
24			
25			
26			
27			
28			
29			
30			

8

DELINEAMENTO DE REVERSÃO

A reversão é um tipo de delineamento utilizado com a finalidade de testar a eficácia de um determinado procedimento.

O delineamento de reversão A-B-A (A = fase com reforçamento; B = sem reforçamento) será empregado neste exercício, com o objetivo de demonstrar a eficácia do reforço positivo contingente à resposta de pressionar a barra. O reforço positivo será apresentado na 1ª e 3ª fases do exercício, esperando-se que ocorra um aumento na frequência da resposta: não sendo apresentado na 2ª fase, onde se espera uma diminuição dessa frequência.

Tendo-se assegurado o efetivo controle de variáveis, as diferenças observadas na frequência da resposta nas três fases do delineamento de reversão, poderão ser atribuídas à manipulação da variável independente: apresentação da água.

Na primeira fase (A), o reforço positivo é apresentado num esquema de reforçamento contínuo (CRF): cada resposta de pressionar a barra é imediatamente reforçada pela apresentação de água, produzindo um aumento consistente em sua frequência.

A fim de se verificar se esta frequência aumenta, de fato, em função da apresentação do reforço positivo contingente à resposta, pode-se submeter esta resposta a um procedimento de *extinção*. Assim, na segunda fase (B) não se apresenta mais o reforço positivo após a resposta condicionada. Como efeito deste procedimento, tem-se que a frequência da resposta de pressionar a barra diminui gradualmente, até retornar ao nível operante. Se este resultado é obtido, pode-se afirmar que isto ocorreu em função da não apresentação da água, que antes mantinha a resposta.

A terceira fase (A) é realizada para certificar-se de que a não apresentação de água foi a variável responsável pela diminuição da frequência da resposta. Procede-se, então, o *recondicionamento* em CRF, que consiste em se reapresentar o reforço positivo, suspenso na fase de extinção(B), após cada resposta emitida. Neste caso, espera-se novamente um aumento da frequência da resposta.

Cabe ressaltar que seriam necessárias várias sessões do procedimento de extinção para que a resposta de pressionar a barra retornasse ao nível operante.

Para o cumprimento dos objetivos didáticos, fixou-se então, um critério arbitrário, ou seja, o animal permanecer três minutos consecutivos sem emitir a resposta de pressionar a barra.

Equipamento

Os equipamentos utilizados neste exercício são: a câmara experimental conectada à caixa de controle e cronômetro.

Folha de registro

É uma tabela constituída por quatro colunas: a primeira refere-se ao tempo de exercício, minuto a minuto; a segunda destina-se ao registro das respostas emitidas pelo sujeito; a terceira e quarta colunas, para a quantificação das frequências das respostas.

Procedimento

1ª fase - CRF

1. Proceda à *rotina de preparação do ambiente experimental.*
2. Acione o bebedouro manualmente, deixando uma gota de água na concha.
3. Coloque a chave da caixa de controle na posição (A).
4. Após o ambiente experimental estar adequadamente preparado, vá ao biotério, pegue seu animal e coloque-o dentro da câmara experimental.
5. Ligue o cronômetro.
6. Deixe que o animal permaneça em CRF até que se completem 15 minutos.
7. Anote todas as respostas de pressionar a barra, minuto a minuto, utilizando as barras verticais: ////

2ª FASE - EXTINÇÃO

1. Coloque a chave da caixa de controle na posição (D) e faça um círculo no numeral correspondente ao minuto em que isto ocorreu.

2. Anote todas as respostas de pressionar a barra, minuto a minuto, usando as barras verticais: ////

3. Continue este procedimento até que o animal permaneça *três minutos consecutivos sem emitir nenhuma resposta de pressionar a barra.*

Quando o rato não emitir resposta durante o intervalo de um minuto, faça um traço horizontal, no local correspondente na folha de registro.

3ª FASE - RECONDICIONAMENTO EM CRF

1. Terminado os três minutos consecutivos da fase de Extinção, libere um reforço positivo manualmente.[7]

2. Faça um círculo no numeral correspondente ao minuto em que o rato bebe a gota de água e *coloque a chave da caixa de controle imediatamente na posição (A),* e deixe que o animal permaneça em CRF *durante mais 15 minutos.*

3. Anote todas as respostas de pressionar a barra, minuto a minuto, usando as barras verticais: ////

4. Proceda à *rotina de finalização do experimento.*

[7] aso o animal não emita resposta dois minutos após a liberação da gota de água, você deve reforçar manualmente as respostas que mais se aproximam da resposta de pressionar a barra, ou seja retornar à modelagem Caso isso aconteça faça a anotação (M) na folha de registro.

NOME DO EXERCÍCIO:	Treino ao bebedouro		
Nº DO SUJEITO:		DATA:	
HORAS DE PRIVAÇÃO:		FOLHA Nº	

min	Respostas	Freq. absoluta	Freq. acumulada
1			
2			
3			
4			
5			
6			
7			
8			
9			
10			
11			
12			
13			
14			
15			
16			
17			
18			
19			
20			
21			
22			
23			
24			
25			
26			
27			
28			
29			
30			

9

COMPORTAMENTO MANTIDO EM RAZÃO FIXA (FR)

Nos exercícios realizados anteriormente, a liberação do reforço ocorreu imediatamente após cada resposta, o que configura uma programação de reforço em CRF. Este esquema de reforçamento permite a rápida estabilização da frequência de uma resposta recém-instalada.

No entanto, existem outras formas de se programar a ocorrência do reforço que são mais econômicas, evitando-se uma rápida saciação, e mais adequadas para se manter uma resposta depois de aprendida. Neste exercício você terá oportunidade de empregar um outro esquema de reforçamento que atende a estes propósitos.

A programação de ocorrência do reforço utilizada será o esquema de reforçamento em razão fixa (FR). Neste esquema, o reforço positivo é liberado após a emissão de um número fixo de respostas. O número que acompanha a sigla FR refere-se à razão exigida para a apresentação do reforço. Por exemplo, FR-10 significa que a cada conjunto de 10 respostas emitidas, o sujeito recebe uma gota de água.

Neste exercício, a razão máxima exigida para a ocorrência do reforço será 10, uma vez que o objetivo que se deseja alcançar é uma frequência alta e constante de respostas.

Para que isto seja possível, esta razão deve ser aumentada gradualmente, a fim de evitar-se a extinção da resposta de pressionar a barra.

Equipamento

Os equipamentos utilizados neste exercício são: a câmara experimental conectada à caixa de controle e cronômetro.

Folha de registro

É uma tabela constituída por quatro colunas: a primeira refere-se ao tempo de exercício, minuto a minuto; a segunda destina-se ao registro das respostas emitidas pelo sujeito; a terceira e a quarta colunas, para a quantificação da frequência das respostas.

Procedimento

1. Proceda a *rotina de preparação do ambiente experimental,* descrita.......
2. Acione o bebedouro manualmente, de forma a deixar uma gota de água na concha.
3. Coloque a chave da caixa de controle na posição (A).
4. Após o ambiente experimental estar adequadamente preparado, vá ao biotério, pegue seu animal, leve ao laboratório e o coloque dentro da câmara experimental.
5. Ligue o cronômetro.
6. Deixe que o animal trabalhe em CRF até que ele emita um total de 20 respostas.
7. Anote todas as respostas de pressionar a barra, minuto a minuto, utilizando o sinal X.
8. Feito isto, coloque a chave da caixa de controle na posição (D), pois o esquema de reforçamento vai ser modificado para FR-2.

Assim que o animal pressionar a barra uma vez, coloque rapidamente a chave na posição (A) e a segunda resposta será reforçada automaticamente. Imediatamente após, volte a chave para a posição (D). Esta operação deve ser feita 20 vezes, ou seja, serão liberados 20 reforços positivos para 40 respostas emitidas, pois cada reforço será dado para cada conjunto de 2 respostas.

Anote todas as respostas emitidas pelo sujeito na folha de registro, minuto a minuto, da seguinte forma:

- A resposta não reforçada será representada por: /
- A resposta reforçada será representada por: X

Como o esquema é de FR-2, suas anotações ficarão assim: FR-2 /X /X /X /X. Esta forma de registro deve ser adotada durante todo o exercício.

9. Liberados os 20 reforços, aumente a razão para 3 (FR-3).

Iniciando com a chave da caixa de controle na posição (D), assim que o animal pressionar a barra 2 vezes, coloque rapidamente a chave na posição (A), e a terceira resposta será reforçada automaticamente. Imediatamente após, volte a chave para a posição (D). Esta operação deve ser feita 20 vezes, ou seja, serão liberados 20 reforços positivos para 60 respostas emitidas, pois cada reforço será dado para cada conjunto de 3 respostas.

Como estará trabalhando em FR-3, seu registro ficará assim: //X //X etc.

10. Aumenta-se a razão para 4 (FR-4).

Esta operação deve ser feita 20 vezes, ou seja, serão liberados 20 reforços positivos para 80 respostas emitidas, pois cada reforço será dado para cada conjunto de 4 respostas.

Como estará trabalhando em FR-4, seu registro ficará assim: ///X ///X etc.

11. Uma vez dados os 20 reforços em FR-4, aumenta-se a razão para 6 (FR-6)

Esta operação deve ser feita *40 vezes(desta* vez serão 40 e não 20), ou seja, serão liberados 40 reforços positivos para 240 respostas emitidas, pois cada reforço será dado para cada conjunto de 6 respostas.

Como estará trabalhando em FR-6, seu registro ficará assim: /////X /////X etc.

12. Após 40 reforços em FR-6, aumenta-se a razão para 8 (FR-8).

Esta operação deve ser feita 20 vezes, ou seja, serão liberados 20 reforços positivos para 160 respostas emitidas; cada reforço sendo dado para cada conjunto de 8 respostas.

Registro: ///////X ///////X etc.

13. Após 20 reforços em FR-8, aumenta-se a razão para 10 (FR-10).

Esta operação deve ser feita 20 vezes, ou seja, serão liberados 20 reforços positivos para 200 respostas emitidas; cada reforço sendo dado para cada conjunto de 10 respostas.

Registro: /////////X /////////X etc.

14. Proceda à *rotina de finalização do experimento.*

É provável que você necessite de mais uma sessão para atingir o objetivo final(FR-10). Para iniciar a 2ª sessão, utilize as orientações da tabela abaixo, em função de onde parou na 1ª sessão:

1º sessão	**2º sessão**
Até FR-3 completo	Iniciar a partir de CRF
FR-4 completo ou incompleto	Iniciar a partir de FR-2 (10 vezes) FR-3 (10 vezes) FR-4 (20 vezes) FR-6 (40 vezes) FR-8 (20 vezes) FR-10 (20 vezes)
FR-6 incompleto	iniciar a partir de FR-3 (10 vezes) FR-4 (10 vezes) FR-6 (20 vezes) FR-8 (20 vezes) FR-10 (20 vezes)
FR-6 completo	iniciar a partir de F- (10 vezes) FR-6 (20 vezes) FR-8 (20 vezes) FR10 (20 vezes)
FR- 8 e FR-10	iniciar a partir de FR-4 (10 vezes) FR-6 (10 vezes) FR-8 (20 vezes) FR-10 (20 vezes)

Da mesma forma, o registro das respostas deve ser feito de acordo com as convenções estabelecidas na 1ª sessão.

NOME DO EXERCÍCIO: Delineamento de Reversão			
Nº DO SUJEITO		DATA:	
HORAS DE PRIVAÇÃO		FOLHA Nº	

min	Respostas	Freq. absoluta	Freq. acumulada
1			
2			
3			
4			
5			
6			
7			
8			
9			
10			
11			
12			
13			
14			
15			
16			
17			
18			
19			
20			
21			
22			
23			
24			
25			
26			
27			
28			
29			
30			

10

TREINO DISCRIMINATIVO EM FR

Os exercícios anteriormente realizados, demonstraram o efeito dos *estímulos consequentes,* contingentes à resposta de pressionar a barra.

Neste exercício, será demonstrada a influência dos *estímulos antecedentes* na ocorrência ou não desta resposta.

Para tanto, será empregado o procedimento de *treino discriminativo* que consiste na apresentação do reforço positivo(água) para a resposta de pressionar a barra, frente ao estímulo discriminativo (presença de luz na câmara experimental), e não apresentação do reforço positivo para esta mesma resposta, frente ao estímulo delta (ausência de luz na câmara experimental), produzindo aumento da frequência da resposta diante de S^D e diminuição da frequência da mesma resposta diante de S^Δ.

Ao final deste procedimento, espera-se que frente à presença de luz na câmara, a frequência da resposta de pressionar a barra aumente e frente à ausência de luz na câmara, esta frequência diminua. Quando este resultado é alcançado, diz-se que a resposta de pressionar a barra está sob *controle de estímulos*, ou seja, está ocorrendo a *discriminação de estímulos.*

O S^D será a presença da luz com intensidade máxima (acionamento da tecla de número 5 da caixa de controle de luz).

O S^Δ será a ausência de luz (acionamento da primeira tecla do lado esquerdo da caixa de controle de luz).

É fundamental que o contraste entre S^D e S^Δ seja acentuado, a fim de tornar a discriminação dos estímulos mais rápida e eficiente.

Equipamento

Além do equipamento experimental básico empregado nos exercícios anteriores, você encontrará uma lâmpada fixada, acima do teto da câmara experimental, através de uma haste de metal achatada. A lâmpada está conectada a um aparelho denominado caixa de controle de luz. O painel dispõe de 6 teclas (ou interruptores), que quando acionadas controlam a apresentação de diferentes intensidades de luminosidade.

Folha de registro

Note que neste experimento a folha de registro utilizada é bastante diferente das anteriores. Para poder acompanhar e entender as explicações do procedimento, consulte-a e veja que:

- A primeira coluna refere-se aos períodos sucessivos de exposição de S^D e S^Δ;
- A segunda refere-se ao número de reforços liberados em FR-5, quando a luz está acesa (S^D);
- A terceira coluna refere-se à duração do tempo (em segundos) que a luz permanece apagada (S^Δ). Perceba que, a partir do *3º período*, o tempo em que o animal permanece na câmara com a luz apagada vai sendo aumentado gradualmente de 5 até 60 segundos, nos períodos subsequentes de S^Δ;
- A quarta coluna está reservada para que se faça o registro das respostas emitidas em S^Δ (luz apagada);
- As duas últimas colunas estão reservadas para a quantificação da frequência das respostas.

  Note que o treino terá início com um período de S^D, seguido pelo período de S^Δ, havendo alternância entre eles até o final do exercício.

Procedimento

1. Proceda a *rotina de preparação do ambiente experimental.*

2. Acione a tecla de número 5 da caixa de controle de luz

3. Acione o bebedouro manualmente, de forma a deixar uma gota de água na concha.

4. Coloque a chave da caixa de controle na posição (D).

5. Após o ambiente experimental estar adequadamente preparado, vá ao biotério, pegue seu animal e coloque-o dentro da câmara experimental.

1º Período de S^D e S^Δ

6. No primeiro período de S^D, você libera três reforços em FR-5, isto é: a 5ª resposta de pressionar a barra é reforçada; depois a 10ª resposta; e finalmente, a 15ª resposta. Feito isto, *certifique-se de que a chave da caixa de controle retorne à posição (D).*

Durante este período, não é feita nenhuma anotação na folha de registro.

7. Enquanto o rato estiver bebendo a última gota de água liberada, acione a tecla que apaga a luz e, imediatamente, ligue o cronômetro.

8. Inicia-se o primeiro período de S^Δ (ausência de luz) que tem uma duração muito rápida: apenas cinco segundos. Decorrido este tempo, acenda a luz (tecla *nº 5*), mas somente se o rato não estiver com a(s) pata(s) na barra.

   Registre todas as respostas de pressionar a barra emitidas neste período (representação das respostas: ////).

Lembre-se de que em S^Δ as respostas emitidas não serão reforçadas.

9. Desligue imediatamente o cronômetro e zere a contagem do aparelho.

2º Período de S^D e S^Δ

10. No momento em que a luz foi acesa, começou o segundo período de S^D, onde você libera um reforço em FR-5, isto é: a 5ª de pressionar a barra é reforçada. *Certifique-se de que a chave da caixa de controle retorne à posição (D).*

11. Enquanto o rato estiver bebendo a gota de água liberada, acione a tecla que apaga a luz e, imediatamente, ligue o cronômetro.

12. Inicia-se o segundo período de S^Δ(ausência de luz), que tem uma duração muito rápida: apenas cinco segundos. Decorrido este tempo, acenda a luz (tecla *nº 5*).

Registre todas as respostas de pressionar a barra emitidas neste período.

13. Desligue imediatamente o cronômetro e zere a contagem do aparelho.

14. Inicia-se o 3º período de S^{D}, adotando-se as orientações propostas anteriormente e seguindo-se a sequência contida na própria folha de registro.[8]

15. O exercício estará encerrado, quando não houver nenhuma emissão da resposta de pressionar a barra em S^{Δ}, durante 3 períodos consecutivos.[9]

16. Proceda à *rotina de finalização do experimento.*

Esclarecimentos adicionais

1. Em S^{D} trabalha-se em FR-5 para evitar que o animal se sacie muito rapidamente e para garantir a manutenção de uma alta frequência de respostas.

2. A luz deve ser apagada quando o animal está bebendo água, porque S^{Δ} adquire propriedades aversivas durante o treino. Portanto, se uma resposta de pressionar a barra em S^{D} for imediatamente seguida pelo aparecimento do S^{Δ}, estará em efeito um procedimento de punição, produzindo uma diminuição da frequência da resposta de pressionar a barra, frente ao S^{D}.

3. A luz só deve ser acesa quando o animal permanecer os últimos cinco segundos do período de S^{Δ} sem pressionar a barra, para evitar que o aparecimento da luz (que adquire propriedades reforçadoras) coincida com alguma resposta de pressionar a barra dada no período de S^{Δ} – evitando aumentar a frequência da resposta em S delta.

4. É possível realizar o Teste de Generalização (cap. 12) após este experimento, sem necessidade de se fazer o Treino Discriminativo em VI (cap. 11).

---

[8] A partir do 8º período de S^{D} você somente acenderá a luz, se o rato não estiver pressionando a barra nos últimos 5 segundos do tempo estipulado para a duração do período de S delta. Espere que o animal fique no mínimo 5 segundos sem emitir a resposta para, só então, acender a luz. Este processo se denomina *DRO (Diferenctial Reinforcement of Other behavior)*. Isso evita que o animal, pressionando a barra em S delta, seja imediatamente reforçado com a apresentação de luz que está associada a apresentação da água.

[9] É provável que o critério de encerramento do treino não seja atingido em uma única sessão. Neste caso, reinicie o treino a partir do ponto de interrupção.

NOME DO EXERCÍCIO:	Treino discriminativo em FR		
Nº DO SUJEITO:		DATA:	
HORAS DE PRIVAÇÃO:		FOLHA Nº	

Períodos suces. de S^D	Nº de reforços em FR 5	Duração seg	Respostas em S^Δ	Freq. absoluta	Freq. acumulada
1	3	5			
2	1	5			
3	2	10			
4	1	10			
5	3	15			
6	2	15			
7	1	15			
8	2	20			
9	3	20			
10	3	30			
11	2	30			
12	2	40			
13	1	50			
14	1	60			
15	3	60			
16	2	60			
17	1	60			
18	3	60			
19	1	60			
20	2	60			
21	1	60			
22	1	60			
23	3	60			
24	2	60			
25	3	60			
26	2	60			
27	3	60			
28	1	60			
29	2	60			
30	1	60			

11

GENERALIZAÇÃO DE ESTÍMULOS

Fase A: Treino Discriminativo em VI

Ao estudarmos a generalização de estímulos, realizaremos dois exercícios. O primeiro, fase A, refere-se ao treino discriminativo em VI e o segundo, fase B, ao teste de generalização.

No intuito de facilitar o entendimento e execução das instruções com o máximo de acerto e precisão, as descrições dos objetivos e procedimentos específicos de cada fase são redigidas separadamente.

FASE A - TREINO DISCRIMINATIVO EM VI

Nesta fase do exercício também utilizaremos um procedimento de treino discriminativo, porém, com duas alterações:

- A duração dos períodos de S^D e S^Δ será de um minuto; e
- No treino será empregado o esquema de reforçamento de intervalo variável (VI).

Os objetivos deste exercício são:

- Fortalecer a discriminação de estímulos adquirida pelo animal;
- Observar os efeitos e verificar os resultados da ação de um esquema de reforçamento em VI sobre a resposta de pressionar a barra;
- Tornar a resposta de pressionar a barra mais resistente à extinção.

No esquema de reforçamento de intervalo variável ou VI a liberação dos reforços é feita de acordo com uma programação variável no tempo: *VI-19seg DL-10seg*.

Isto significa que neste treino, frente ao S^D (luz acesa), foi estabelecida uma outra condição para a contingência do reforço: um determinado período variável de tempo em torno de uma média de 19 segundos(VI), após o qual haverá a *disponibilidade limitada(DL)* de 10 segundos para a liberação do reforço, para a primeira resposta emitida pelo animal.

Como você já sabe, somente uma resposta será reforçada: a primeira resposta emitida durante a disponibilidade limitada de 10 segundos. Consequentemente, se não há emissão de respostas o animal perde o reforço.

Equipamento

Os equipamentos utilizados neste exercício são: a câmara experimental conectada à caixa de controle, cronômetro e caixa de controle de luz.

Folha de registro

Neste experimento, a folha de registro utilizada é diferente das anteriores.

- A primeira e a segunda indicam a alternância da exposição dos estímulos S^D e S^Δ -, minuto a minuto.

As linhas que correspondem ao S^D são subdivididas em caselas de 10 segundos: as caselas sombreadas indicam o intervalo de tempo em que o reforço está disponível; consequentemente, as caselas vazadas indicam intervalos de tempo em que o reforço não está disponível.

- As quatro últimas colunas estão reservadas para a quantificação das frequências das respostas, em S^D e S delta.

Procedimento

1. Proceda à *rotina de preparação do ambiente experimental.*
2. Acenda a luz, acionando a tecla de número 5 (última tecla do lado direito da caixa de luz) da caixa de controle de luz.
3. *Coloque a chave da caixa de controle na posição (A).*
4. Após o ambiente experimental estar adequadamente preparado, vá ao biotério, pegue seu animal, leve-o ao laboratório e o coloque dentro da câmara experimental.
5. Ligue o cronômetro.
6. *No primeiro período de S^D*, ou seja, com a luz acesa, você deve proceder da seguinte forma:

   A 1ª casela (correspondente ao intervalo entre 1º e 10º segundo) está sombreada. Isto significa que se houver emissão de uma resposta de pressionar a barra neste intervalo, ela será automaticamente reforçada. Ocorrendo isto, retorne a chave à posição (D) e registre a resposta reforçada usando o sinal: X.

Se até o 10º segundo não houver emissão da resposta, da mesma forma retorne a chave à posição (D). O animal perde este reforço.

7. As 2ª e 3ª caselas não estão sombreadas. Isto significa que não há liberação de reforço mesmo que ocorram respostas.

Nas caselas vazadas, registre todas as respostas emitidas no período (1 resposta = /).

No 30º segundo coloque a chave na posição (A).

8. A 4ª casela (correspondente ao intervalo entre 30º e 40º segundo) está sombreada.

Isto significa que se houver emissão de uma resposta neste intervalo, ela será automaticamente reforçada. Ocorrendo isto retorne a chave à posição (D).

Se até o 40º segundo não houver emissão da resposta, da mesma forma retorne a chave à posição (D). O animal perderá este reforço.

9. A 5ª e 6ª caselas não estão sombreadas, indicando que não há liberação do reforço, mesmo que ocorram respostas.

Nas caselas vazadas, registre todas as respostas de pressionar a barra emitidas neste período (1 resposta = /).

No 60º segundo apague a luz.

10. Inicia-se o período de S^{Δ} (ausência de luz) que tem duração de 60 segundos.

Decorrido este tempo, acenda a luz.

Registre todas as respostas de pressionar a barra emitidas neste período (1 resposta = /).

Lembre-se de que em S^{Δ} as respostas emitidas *não são* reforçadas.

11. Inicia-se um novo período S^{D} e você deve seguir as orientações propostas anteriormente, observando a sequência da própria folha de registro. Continue esta alternando S^{D} e S^{Δ} até que sejam completados os 60 minutos de treino.

12. Proceda à *rotina de finalização do experimento.*

13. Depois de calcular a frequência absoluta e acumulada das respostas em S^{D} e S^{Δ}, verifique se o total das respostas em S^{D} é pelo menos *5 vezes maior* do que o total de respostas em S^{Δ}. Este é o critério para encerramento do treino discriminativo em VI.

NOME DO EXERCÍCIO:	Treino discriminativo em VI		
Nº DO SUJEITO:		DATA:	
HORAS DE PRIVAÇÃO:		FOLHA Nº	

min	Ord.	0-10	10-20	20-30	30-40	40-50	50-60	SD Freq. absol.	SD Freq. acum.	S^Δ Freq. absol.	S^Δ Freq. acum.
1	S^D										
2	S^Δ										
3	S^D										
4	S^Δ										
5	S^D										
6	S^Δ										
7	S^D										
8	S^Δ										
9	S^D										
10	S^Δ										
11	S^D										
12	S^Δ										
13	S^D										
14	S^Δ										
15	S^D										
16	S^Δ										
17	S^D										
18	S^Δ										
19	S^D										
20	S^Δ										
21	S^D										
22	S^Δ										
23	S^D										
24	S^Δ										
25	S^D										
26	S^Δ										
27	S^D										
28	S^Δ										
29	S^D										
30	S^Δ										

min	Ord.	0-10	10-20	20-30	30-40	40-50	50-60	SD Freq. absol.	SD Freq. acum.	S^{Δ} Freq. absol.	S^{Δ} Freq. acum.
31	S^D										
32	S^{Δ}										
33	S^D										
34	S^{Δ}										
35	S^D										
36	S^{Δ}										
37	S^D										
38	S^{Δ}										
39	S^D										
40	S^{Δ}										
41	S^D										
42	S^{Δ}										
43	S^D										
44	S^{Δ}										
45	S^D										
46	S^{Δ}										
47	S^D										
48	S^{Δ}										
49	S^D										
50	S^{Δ}										
51	S^D										
52	S^{Δ}										
53	S^D										
54	S^{Δ}										
55	S^D										
56	S^{Δ}										
57	S^D										
58	S^{Δ}										
59	S^D										
60	S^{Δ}										

12

GENERALIZAÇÃO DE ESTÍMULOS

Fase B: Teste de Generalização

Até este momento, constatou-se que um estímulo específico pode adquirir um forte poder de controle sobre uma determinada resposta quando esta for reforçada em sua presença.

Neste exercício, verificar-se-á até que ponto este poder de controle foi estendido para outros estímulos. Em outras palavras, se está ocorrendo *generalização de estímulos: se o* organismo responde de forma semelhante diante destes outros estímulos dependendo, em parte, das características físicas que estes estímulos têm em comum.

Para tanto, serão apresentadas quatro novas intensidades de luz, que se situam abaixo do grau de luminosidade máxima estabelecida para o S^D e testar se a generalização se efetua, a partir dos dados sobre a frequência de respostas emitidas na presença desses novos estímulos, distribuídos no *gradiente de generalização.*

Espera-se que haja generalização para os estímulos que possuem propriedades físicas semelhantes a S^D e a S^Δ.

Cabe insistir que este exercício não visa a instalação de um novo comportamento: você não estará instalando, mas *apenas testando a generalização*.

Como o teste é feito na ausência do reforço, é esperado que ocorra extinção da resposta. É por esta razão que, antes do teste, utiliza-se um esquema de reforçamento em VI, tornando esta resposta mais resistente à extinção.

Equipamento

Os equipamentos utilizados neste exercício são: a câmara experimental conectada à caixa de controle, cronômetro e caixa de controle de luz.

Neste exercício você utilizará todas as teclas da caixa de controle de luz. Cada tecla controla a apresentação de uma diferente intensidade de luminosidade. Note que quando uma das teclas é acionada, automaticamente, desliga-se qualquer outra tecla, permitindo que se passe de uma intensidade para outra, diretamente.

Folha de registro

Neste experimento a folha de registro utilizada é diferente das anteriores.

- A primeira e a segunda colunas indicam ordem da exposição dos seis estímulos luminosos: S^D,S^4,S^3,S^2, S^1 e S^Δ, minuto a minuto;
- A terceira coluna está reservada para o registro das respostas (////); e
- A quarta coluna está reservada para a totalização das respostas obtidas diante de cada estímulo, na sequência de sua apresentação.

Na própria folha encontram-se duas tabelas que, depois de preenchidas, fornecem os dados sobre a frequência das respostas, para a construção do gradiente de generalização, o qual permite verificar entre quais estímulos houve maior ou menor grau de generalização de estímulos.

Procedimento

1. Antes de buscar o rato, teste o acionamento das diferentes teclas de caixa de controle de luz com o menor ruído possível.
2. Atingido o critério do treino discriminativo em VI (Fase A), certifique-se de que a chave da caixa de controle esteja na posição (D), pois durante o teste não há liberação do reforço.
2. Acione a tecla de número 5 da caixa de controle de luz, correspondente ao primeiro estímulo do teste de generalização (1ª linha da folha de registro).
3. Ligue o cronômetro e registre as respostas de pressão à barra emitidas, durante um minuto (////).
4. Inicia-se a exposição de um novo estímulo, S^3 (2ª linha da folha de registro).

   Acione a tecla de número 3 da caixa de controle e siga a orientação proposta anteriormente, observando a sequência de apresentação dos estímulos contidos na própria folha de registro até o 30º minuto.
4. Terminado o teste proceda a *rotina de finalização do experimento.*

NOME DO EXERCÍCIO:	Teste de Generalização		
Nº DO SUJEITO:		DATA:	
HORAS DE PRIVAÇÃO:		FOLHA Nº	

min	Est.	Respostas	Total
1	S^D		
2	S^3		
3	S^2		
4	S^Δ		
5	S^1		
6	S^4		
7	S^D		
8	S^1		
9	S^Δ		
10	S^2		
11	S^4		
12	S^3		
13	S^D		
14	S^Δ		
15	S^3		

Tabela I – Frequência absoluta de respostas dadas frente a cada estímulo

min	Est.	Respostas	Total
16	S^1		
17	S^4		
18	S^2		
19	S^D		
20	S^3		
21	S^1		
22	S^4		
23	S^Δ		
24	S^2		
25	S^D		
26	S^4		
27	S^1		
28	S^3		
29	S^2		
30	S^Δ		

Tabela II – Frequência acumulada de respostas dadas frente a cada estímulo

ORDEM DE APRESEN-TAÇÃO	S^D	S^4	S^3	S^2	S^1	S^Δ
1º						
2º						
3º						
4º						
5º						

ORDEM DE APRESEN-TAÇÃO	S^D	S^4	S^3	S^2	S^1	S^Δ
1º						
2º						
3º						
4º						
5º						
Média						

13

CADEIAS S - R

Este exercício tem como objetivo completar a cadeia S-R. Desta forma, novas respostas serão instaladas, além da resposta de pressionar a barra, condicionada anteriormente.

Uma cadeia S-R envolve uma sequência de estímulos e respostas, onde o mesmo estímulo exerce uma dupla função: estímulo discriminativo para a resposta posterior e reforço condicionado para a resposta anterior da sequência.

Uma forma de facilitar a aquisição de uma cadeia S-R é utilizar o processo de *encadeamento de trás para frente*, onde primeiramente condiciona-se a última resposta da cadeia, depois condiciona-se a penúltima, e assim sucessivamente até que a primeira resposta da cadeia seja condicionada.

Uma das formas de representação da cadeia de respostas a ser completada é a seguinte:

Estímulo Discriminativo (S^D)	**Resposta (R)**	**Reforço Positivo (S^{r+})**
Ausência de luz + presença da argola na câmara	Saltar pela argola	Apresentação da luz acesa na câmara (luz n.º 5)
Presença da luz acesa na câmara	Pressionar a barra	Apresentação do ruído do bebedouro + água na concha
Presença do ruído do bebedouro + água na concha	Beber água	Apresentação de água bebida

Note que as duas últimas respostas desta cadeia já fazem parte do repertório comportamental do rato. Assim sendo, torna-se necessário instalar a resposta de saltar por uma argola, que é a primeira resposta da cadeia S-R. Para isto, usaremos a modelagem.

Equipamento

Os equipamentos utilizados neste exercício são: a câmara experimental conectada à caixa de controle, cronômetro e caixa de controle de luz.

A argola é um artefato de metal, cúja haste deve ser afixada no orifício central do teto da câmara experimental.

Folha de registro

É uma tabela constituída por quatro colunas: a primeira coluna refere-se ao tempo de exercício, minuto a minuto; a segunda destina-se ao registro das respostas emitidas pelo sujeito; a terceira e a quarta colunas, para a quantificação das frequências das respostas.

Procedimento

1. Proceda a rotina de preparação do ambiente experimental.
2. Coloque a chave da caixa de controle na posição (D) e deixe a luz da câmara apagada.
3. Após o ambiente experimental estar adequadamente preparado, vá ao biotério, pegue seu animal e coloque-o dentro da câmara experimental.
4. Ligue o cronômetro.
5. Modelagem da resposta de saltar pela argola.
    a. Estando a base da argola encostada na grade do soalho da câmara, reforce com a apresentação de luz na câmara (acione a tecla nº 5) uma resposta de aproximação sucessiva na direção da resposta final desejada.[10]
    b. Coloque imediatamente a chave de controle na posição (A).
    c. Assim que o animal pressionar a barra e for automaticamente reforçado, apague a luz e retorne a chave da caixa de controle para a posição (D).
    d. *Reinicie a modelagem, observando a mesma sequência descrita acima, até que o animal emita a resposta de atravessar o aro da argola por seis vezes.*

[10] Na modelagem da resposta de saltar a argola, as respostas inicial e intermediárias mais comuns são: tocar o focinho no aro da argola, colocar cabeça ou focinho por dentro do aro, atravessar o aro parcialmente, atravessar o aro, entre outras.

e. Atingido este critério, rápida e cuidadosamente, aumente a altura da argola em 1 cm. Continue a reforçar com a apresentação da luz a resposta de atravessar a argola, e na sequência, com a liberação de água, a resposta de pressionar a barra.

f. A cada conjunto de *seis respostas de atravessar o aro, aumente a altura* da argola em mais 1 cm. Assim se procede, sucessivamente, até que a argola encoste no teto da câmara experimental, quando a resposta de saltar a argola estará sendo emitida e reforçada.

7. Registre com um X, toda a vez que o animal cumprir uma sequência completa da cadeia S-R, ou seja, todas as vezes que ele beber água, no minuto correspondente.

8. O exercício é encerrado quando o animal cumprir a sequência completa da cadeia S-R, por cinco vezes.

9. Terminado o exercício proceda à *rotina de finalização do experimento.*

NOME DO EXERCÍCIO:	Encadeamento de respostas		
Nº DO SUJEITO:		DATA:	
HORAS DE PRIVAÇÃO:		FOLHA Nº	

min	Respostas	Freq. absoluta	Freq. acumulada
1			
2			
3			
4			
5			
6			
7			
8			
9			
10			
11			
12			
13			
14			
15			
16			
17			
18			
19			
20			
21			
22			
23			
24			
25			
26			
27			
28			
29			
30			

14

REFORÇAMENTO CONDICIONADO EM RAZÃO VARIÁVEL (VR)

Reforço condicionado é um estímulo que adquiriu a propriedade reforçadora mediante associação com outro estímulo reforçador positivo.

Em todos os exercícios realizados até o presente momento, o ruído audível e característico (produzido pelo acionamento do bebedouro), foi invariavelmente seguido pela apresentação da água (*reforço incondicionado*) na concha. Consequentemente, o ruído do bebedouro pode ter adquirido propriedade reforçadora para a resposta de pressionar a barra, atuando como um reforço condicionado. Espera-se que a apresentação do ruído do bebedouro contingente à resposta de pressionar a barra produza como efeito, o aumento da frequência desta resposta.

No esquema de reforçamento em *razão variável,* o reforço deve ser apresentado após a emissão de um número variável de respostas, em torno de uma média. O número que acompanha a sigla VR refere-se à razão média exigida para a liberação do reforço. VR-5 significa que após a emissão de cinco respostas em média, uma gota de água será liberada. Este esquema gera uma alta frequência de resposta, sem pausa após o reforço.

Os objetivos deste exercício são:

- Verificar se o ruído do bebedouro torna-se um reforço condicionado simples para a resposta de pressionar a barra; e
- Observar os efeitos e verificar os resultados da ação de um esquema de reforçamento em VR sobre a resposta de pressionar a barra.

Equipamento

Os equipamentos utilizados neste exercício são: a câmara experimental conectada à caixa de controle e cronômetro.

Folha de registro

A folha de registro é constituída por duas tabelas:

- Na primeira encontra-se a ordem de execução da razão exigida para que o reforço seja liberado, que vai variar. Por exemplo, na 1ª vez, o reforço será liberado após cinco respostas emitidas; na 2ª vez, ele vai ser liberado após três respostas, e assim por diante.
- A segunda tabela é constituída por quatro colunas: a primeira refere-se ao tempo de exercício, minuto a minuto; a segunda destina-se ao registro das respostas emitidas pelo sujeito; a terceira e a quarta colunas, para a quantificação da frequência das respostas.

Procedimento

1ª Fase – VR

1. Proceda à *rotina de preparação do ambiente experimental.*
2. Após ter usado a água contida na almotolia para encher a cuba, deixe a almotolia completamente sem água e próxima ao equipamento, pois ela será empregada durante a 2ª fase do exercício.
3. Acione o bebedouro manualmente, de forma a deixar uma gota de água na concha.
4. Coloque a chave da caixa de controle na posição (A).
5. Após o ambiente experimental estar adequadamente preparado, vá ao biotério, pegue seu animal, leve-o ao laboratório e o coloque dentro da câmara experimental.
6. Ligue o cronômetro.
7. Deixe que o animal trabalhe em CRF até que ele receba um total de *10 reforços.*

8. Anote, com X (XXXXXX) todas as respostas de pressionar a barra, minuto a minuto.

9. Coloque a chave da caixa de controle na posição (D).

   A partir deste momento inicia-se o *reforçamento em esquema VR-5*.
   Para liberar os reforços use a sequência do número de respostas emitidas, *contida tabela 1 da folha de registro* (vide Anexo 5).

a. A *primeira razão* exigida para a liberação do reforço é **5**: as quatro primeiras respostas não serão reforçadas e a quinta será seguida pela apresentação de água (representação para registro: ////X).

b. A *segunda razão* exigida para a liberação do reforço é *3*: as duas primeiras respostas não serão reforçadas e a terceira será seguida pela apresentação de água (representação para registro: //X).

c. Passe para a próxima razão e siga as orientações propostas acima, observando-se a sequência da tabela 1 da folha de registro, até que todas as razões sejam completadas, totalizando 24 reforços liberados.

O registro é feito minuto a minuto, utilizando-se a mesma representação convencionada nos exercícios anteriores: (/) para respostas não reforçadas e (X), para respostas reforçadas.

2ª Fase – Extinção

1. Coloque a chave da caixa de controle na posição D e faça um círculo no numeral correspondente ao minuto em que isto ocorreu.

2. Anote, com barras verticais (///) todas as respostas de pressionar a barra, minuto a minuto.

3. Continue este procedimento até que o animal permaneça *três minutos consecutivos sem emitir nenhuma resposta de pressionar a barra.*

3ª Fase – Teste da eficácia do reforço condicionado

1. Terminados os três minutos consecutivos da fase de Extinção, continue com a chave da caixa de controle na posição (D).

2. Com o auxílio da almotolia vazia, rápida e cuidadosamente, retire a água da cuba.[11]

3. Acione o bebedouro uma vez, manualmente, e coloque a chave de controle na posição (A). Desta forma cada resposta de pressionar a barra será seguida pelo ruído do bebedouro, sem que a água seja apresentada na concha.[12]

4. Anote com barras verticais (///), todas as respostas de pressionar a barra, minuto a minuto.

5. Continue este procedimento até que o animal permaneça *3 minutos consecutivos sem emitir nenhuma resposta de pressionar a barra.*

6. Terminado o teste proceda à *rotina de finalização do experimento.*

[11] A cuba não precisa ser completamente esvaziada. É suficiente que o nível da água impeça que a gota seja colhida pela concha, quando o bebedouro é acionado. A propósito desta operação, sugere-se que antes do início do exercício, você treine a retirada da água com a almotolia.

[12] Como você constatou anteriormente, o ruído do bebedouro é um S^D para a resposta de beber água. Assim sendo, é provável que a frequência da resposta de lamber a concha seja alta nesta etapa do exercício.

NOME DO EXERCÍCIO:	Reforçamento Condicionado em VR		
Nº DO SUJEITO:		DATA:	
HORAS DE PRIVAÇÃO:		FOLHA Nº	

Tabela 1 SEQÜÊNCIA DO NÚMERO DE RESPOSTAS EXIGIDOS PARA REFORÇAMENTO - VR: 5

ORDEM DE EXECUÇÃO	1ª	2ª	3ª	4ª	5ª	6ª	7ª	8ª	9ª	10ª	11ª	12ª
RAZÃO	5	3	5	4	8	7	4	6	3	2	7	6
ORDEM DE EXECUÇÃO	13ª	14ª	15ª	16ª	17ª	18ª	19ª	20ª	21ª	21ª	23ª	24ª
RAZÃO	5	3	5	4	8	7	5	6	3	2	7	5

min	Respostas	Freq. absoluta	Freq. acumulada
1			
2			
3			
4			
5			
6			
7			
8			
9			
10			
11			
12			
13			
14			
15			
16			
17			
18			
19			
20			
21			
22			
23			
24			
25			
26			
27			
28			
29			
30			

15

REFORÇAMENTO NEGATIVO

Nos procedimentos até aqui realizados, empregou-se o reforçamento positivo quando se pretendia aumentar a frequência de uma determinada resposta: a *apresentação de um estímulo reforçador positivo* contingente à sua emissão.

No entanto, esta não é a única maneira de produzir este efeito.

No exercício, ora proposto, será demonstrado que uma resposta aumenta de frequência, *se sua emissão for seguida pela retirada ou pela evitação de uma estimulação aversiva.*

O exercício envolve três procedimentos. O primeiro, consta da determinação do nível operante da resposta de *"passar de um compartimento para outro da caixa Mowrer"*, mediante a sinalização de uma campainha. Como o objetivo é fazer com que a frequência desta resposta aumente, será utilizado o procedimento de *reforçamento negativo.*

Isto é feito da seguinte forma: estando o rato em qualquer um dos dois compartimentos da caixa de Mowrer, aciona-se o som da campainha durante um tempo pré-determinado, ao término do qual, se ele permanecer neste mesmo compartimento, aplica-se um choque nas patas. Quando isto acontece a resposta de "permanecer no mesmo compartimento, frente ao som da campainha", é submetida ao procedimento de *punição positiva,* com a finalidade de levá-la a diminuir de frequência.

Quando se aplica o choque e o rato emite a resposta de "passar para o outro compartimento da caixa", onde as grades do soalho não estão eletrificadas, a resposta é reforçada pela retirada ou evitação do estímulo aversivo, o choque.

No momento em que ele emite a resposta desejada, somente *após ter entrado em contato com o estímulo aversivo*, a resposta de "passar para o outro compartimento da caixa de Mowrer" recebe a denominação de *resposta de fuga.*

Após o condicionamento, espera-se que o rato "passe para o outro compartimento mediante a sinalização da campainha", *antes de entrar em contato com o estímulo aversivo.* Neste caso esta resposta recebe a denominação de *resposta de esquiva.*

Equipamento

Neste exercício serão utilizados os equipamentos abaixo descritos (Fig.4):

- A *caixa de Mowrer* é um aparelho para condicionamento operante de ratos por estimulação aversiva;

Fig.5 A caixa de Mowrer (1), o estimulador elétrico (2), o estimulador sonoro (3) e a caixa de controle(4)

Constitui-se de uma câmara experimental alongada, separada em duas partes: uma, com fundo claro, e outra, com fundo escuro. Os dois compartimentos são separados por uma portinhola, tipo "guilhotina". A abertura da porta é efetuada por um sistema eletro-mecânico e pode ser controlada quer pelo animal, através de uma barra colocada internamente na caixa, quer externamente pelo experimentador.

Quando a caixa está acoplada ao gerador de choque é possível eletrificar, independentemente, os dois compartimentos.

O soalho da caixa é constituído por grades metálicas que distam, aproximadamente, 1cm entre si. Abaixo do piso gradeado de cada compartimento, existe uma bandeja de alumínio. Eventualmente, se o animal defecar ou urinar durante o experimento, nestas bandejas que ficarão retidos os detritos.

Na parte superior encontram-se portas de aço inoxidável que, quando abertas, permitem a colocação e a retirada do animal da caixa.

O rato pode ser observado através da parede frontal, em acrílico transparente.

- O *estimulador elétrico, ou gerador de choque,* destina-se a experimentos com estimulação aversiva por choques elétricos.

  O estimulador possui uma chave seletora que faz a graduação da intensidade da corrente elétrica, ou seja, do choque aplicado no soalho. A luz vermelha do painel do estimulador, quando acesa, indica que está havendo passagem da corrente elétrica, ou seja, que o soalho do compartimento a ela acoplado está eletrificado. Trabalha-se com dois estimuladores elétricos, um para cada compartimento da caixa, com a chave seletora posicionada na gradação cinco.[13]

- O *estimulador auditivo* permite a apresentação de dois estímulos auditivos: um tipo cigarra e outro, tipo campainha. Os dois interruptores, presentes no painel frontal, permitem a apresentação do estímulo sonoro de forma contínua ou intermitente. Para o treino utiliza-se o modo contínuo da apresentação do estímulo sonoro (campainha).

- O *cronômetro.*

Folha de registro

Na folha de registro encontra-se um quadro quadriculado que reproduz parte de um eixo cartesiano, destinado ao registro das respostas.

A ordenada do eixo corresponde à latência em segundos, ou seja, o tempo que o animal leva para emitir a resposta de passar de um compartimento para o outro, frente ao som da campainha.

A abscissa do eixo refere-se às tentativas, ou seja, às apresentações sucessivas do estímulo sonoro.

---

[13] Em geral, para o treino, utiliza-se a chave seletora do gerador de choque na gradação cinco. No entanto, esta gradação de choque poderá variar de sujeito para sujeito. Alguns animais têm um limiar alto de tolerância a esta intensidade, impedindo sua atuação como estímulo aversivo poderoso para o condicionamento. Por outro lado, se o rato recebe uma intensidade de choque muito acima do seu limiar de tolerância, poderá apresentar imobilidade total diante do som da campainha, dificultando o prosseguimento do treino. Neste caso suspenda a sessão experimental e reinicie numa outra ocasião.

Procedimento

Fase A – Determinação do nível operante

No início de cada tentativa, a campainha soará durante 10 segundos, porém o choque não será aplicado, e você registra a latência da resposta de passar para o outro compartimento da caixa.

1. Proceda à *rotina de preparação do ambiente experimental,* verificando o modo contínuo de apresentação do som da campainha e a intensidade da estimulação elétrica (choque) a serem usados.
2. Após o ambiente experimental estar adequadamente preparado, pegue seu animal, abra a porta da caixa de Mowrer, coloque-o em qualquer um dos compartimentos, fechando-a em seguida.
3. Ligue o cronômetro e, simultaneamente, acione a campainha durante 10 segundos, após o que desligue-a.
4. Ao completar 1 minuto, acione a campainha, novamente, durante 10 segundos.
5. Proceda desta maneira até completar 20 tentativas.
6. Registre *a latência da resposta* de passar para o outro compartimento, à cada tentativa na folha de registro, conforme as explicações dadas anteriormente.

Fase B – Procedimento de reforçamento negativo

A campainha soará por 10 segundos. Em seguida, o choque é aplicado. O choque é imediatamente interrompido assim que o animal passar para o outro compartimento.

1. Terminados os 20 minutos de determinação do nível operante, acione a campainha durante 10 segundos, após o que, desligue-a.
2. Imediatamente após a cessação do som da campainha, aplique o choque acionando a chave do estimulador elétrico. Uma das quatro possibilidades abaixo pode se configurar:
   a) *O animal permanece no mesmo compartimento e o choque é aplicado durante 30 segundos consecutivos:* neste caso, suspenda a aplicação do choque após os 30 segundos e espere mais 40 segundos antes de iniciar nova tentativa;

b) *O animal recebe o choque nas patas e passa para o outro compartimento da caixa:* neste caso, suspenda a aplicação do choque, assim que houver emissão da resposta e espere mais 40 segundos, antes de iniciar nova tentativa;

c) *O animal passa para o outro compartimento da caixa em que a campainha está sendo acionada, antes do término dos 10 segundos:* neste caso, suspenda a aplicação do choque assim que houver emissão da resposta e, no próximo minuto, inicie uma nova tentativa;

d) *O animal passa para o outro compartimento da caixa, enquanto o choque e som da campainha não estão presentes na situação:* tal resposta não é considerada para efeito de registro. Lembre-se de que é necessário que ele passe para o outro compartimento frente ao som da campainha.

4. Em cada tentativa, na folha de registro, registre a *latência da resposta*[14] de "passar para o outro compartimento".
5. Proceda a um máximo de 20 tentativas de treino por sessão experimental..
6. O encerramento do exercício dar-se-á quando o rato atingir o critério de *15 respostas de esquiva em 20 tentativas de treino, na mesma sessão experimental.*

Considerações adicionais

É notório que a maioria dos seres humanos que realizam o treino de condicionamento aversivo percebem-se com uma sensação de incômodo, podendo chegar à aversão a esta situação. Constata-se uma tendência geral de inferir que os sujeitos experimentais passam por momentos de grande sofrimento.

No limite, a comunidade científica deve reconhecer que os procedimentos utilizados no condicionamento aversivo impõem, no mínimo, desconforto ao animal. Assim, adotamos e sugerimos o emprego de recursos tecnológicos audiovisuais para possibilitar, através de filme em vídeo, a vivência e o aprendizado da réplica experimental proposta. Com esta atitude, pensamos estar contribuindo para minimizar tal desconforto, considerado desnecessário ao nosso ver, uma vez que tal modificação não implica em prejuízos significativos na aprendizagem dos princípios, conceitos e procedimentos nele envolvidos. Quiçá, até a facilite.

[14] Sobre a forma de registro: considera-se que o animal emitiu a resposta de passar para o outro compartimento quando as quatro patas passaram pelo portal de intercomunicação entre os dois compartimentos da caixa de Mowrer. A latência refere-se ao período de tempo entre a apresentação do estímulo sonoro e a ocorrência da resposta de passar para o outro compartimento. No momento em que o animal emite a resposta, faça uma marca no encontro das duas linhas da folha de registro correspondentes à latência e ao número da tentativa realizada.

NOME DO EXERCÍCIO:	Reforçamento Negativo		
Nº DO SUJEITO:		DATA:	
HORAS DE PRIVAÇÃO:		FOLHA Nº	

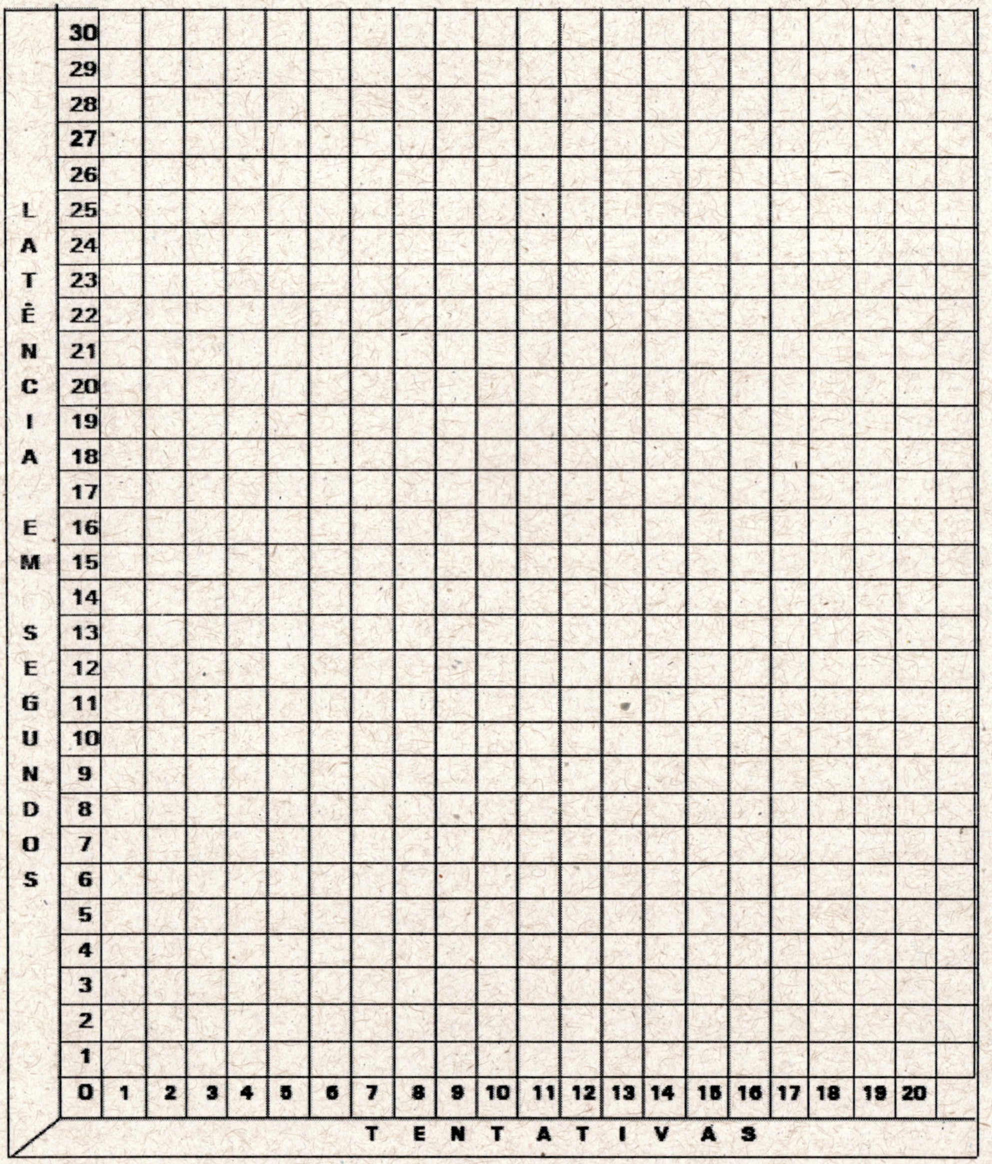

NOME DO EXERCÍCIO:	Reforçamento Negativo
DATA:	

De posse de sua folha de registro, responda às seguintes questões:

1) Qual o comportamento do animal?

2) Qual o estímulo aversivo envolvido no experimento?

3) Quando o animal apresentava o comportamento:

   a) O que era feito com o estímulo aversivo?

   b) O que aconteceu com a frequência do comportamento do animal?

4) Qual o nome do procedimento que instalou a resposta de mudar de compartimento mediante da presença do som da campainha?

5) Qual o nome técnico do estímulo consequente neste caso?

6) Qual o estímulo que sinalizava a possibilidade da aplicação do estímulo aversivo?

7) Quantos comportamentos de fuga o animal apresentou?

8) Quantos comportamentos de esquiva o animal apresentou?

REFERÊNCIAS BIBLIOGRÁFICAS

ARDILA, R. *Psicologia Experimental:* manual de laboratório. Cidade do México: Editorial Trillas, 1971.

BACHARACH, A. J. *Introdução à pesquisa psicológica.* São Paulo: EPU, 1975.

BUSSAB, V. S. R. *Estereotipia e plasticidade no desenvolvimento da limpeza corporal moscas (Musca doméstica).* Dissertação de Mestrado. Instituto de Psicologia da Universidade de São Paulo, 1972.

CARRARA, K. *Behaviorismo radical:* crítica e metacrítica. Marília: UNESP/Marília Publicações; São Paulo: FAPESP, 1998.

CARVALHO, A. M. A. *Esquiva discriminada no peixe dourado (Carassius auratus)*: efeitos de intensidade de choque. Dissertação de Mestrado, Instituto de Psicologia da Universidade de São Paulo, 1972.

CATANIA, A. C. *Aprendizagem:* comportamento, linguagem e cognição. 4[a] ed. Porto Alegre: Artes Médicas, 1999.

CUNHA, A. C. B. Análise Experimental do Comportamento. *In* B. Rangé (org.) *Psicoterapia comportamental e cognitiva*: pesquisa, publicações e problemas. Campinas:Ed. Psy, II, p. 15-17, 1995.

CUNHA, W. H. A. *Exploração do mundo psicológico das formigas.* São Paulo: Ática, 1980.

DAVIDOFF, L. *Introdução à psicologia.* São Paulo: Makron Books, 2001.

DELITTI, A. M. C. *Controle de estímulos em rãs (Leptodactylus ocellatus)*: efeitos sobre uma resposta fototática. Dissertação de Mestrado, Instituto de Psicologia da Universidade de São Paulo, 1976.

EVANS, R. J. *Construtores da psicologia.* São Paulo:Summus/EDUSP, 1979.

FAGUNDES, A.J. S. M. *Descrição, definição e registro de comportamento.* 17 ed. São Paulo: EDICON, 2015.

FARIA, D. S. *Organização social e estrutura inter-grupal na colônia de macacos Rhesus (Macaca mulatta, Zimmermann, 1780) da ilha do Pinheiro, Rio de Janeiro.* Dissertação de Mestrado, Instituto de Psicologia da Universidade de São Paulo, 1980.

FUCHS, H. *Um estudo sobre o comportamento predatório e ingestivo da aranha Lycosa erythrognatha Lucas, 1836.* Dissertação de mestrado. Instituto de Psicologia da Universidade de São Paulo, 1978.

FUCHS, H.; WATANABE, O. M. *Estudo comparativo do desempenho da resposta de pressão à barra em três procedimentos: modelagem, treino discriminativo e aquisição de uma cadeia de respostas.* Trabalho apresentado no 1º Congresso Brasileiro de Animais de Laboratório. Salvador, Bahia, Setembro de 1988.

FUCHS, H.; WATANABE, O. M. *Efeitos do manuseio sistemático de ratos submetidos a condicionamento.* Trabalho apresentado no 1º Congresso Brasileiro de Animais de Laboratório. Salvador, Bahia, Setembro de 1988.

FUCHS, H.; WATANABE, O. M. *Biotério para ensino, treinamento e pesquisa psicológica.* Trabalho apresentado no 1o. Congresso Brasileiro de Animais de Laboratório. Salvador, Bahia, Setembro de 1988.

GOMES, M.T.C. *Aquisição e extinção de uma discriminação entre dois tipos de pares de estímulos em três espécies de abelhas sociais.* Dissertação de Mestrado não publicada, Instituto de Psicologia da Universidade de São Paulo, 1974.

GUIDI, M. A. A. e BAUERMEISTER, H. B. *Exercícios de laboratório em pesquisa psicológica.* (2 ed.). São Paulo:Martins Fontes, 1979.

HOLLAND, J. G.; SKINNER, B.F. *A análise do comportamento.* São Paulo: EPU, 1971.

MATOS, M. A. Análise funcional do comportamento. *Estudos de Psicologia*, Campinas, v. 16, n. 3, p. 8-18, 1999.

McGUIGAN. F. J. *Psicologia experimental:* uma abordagem metodológica. São Paulo: EPU, 1976.

MILLENSON, J. R. *Princípios de análise de comportamento.* Brasília: Editora Coordenada, 1975.

OTTA, E. *Construção de ninho no hamster: uma análise motivacional.* Dissertação de Mestrado. Instituto de Psicologia da Universidade de São Paulo, 1979.

PATITUCCI, W. S. *Definição de psicologia e comportamento.* Texto não publicado, Faculdades Metropolitanas Unidas de São Paulo, 1977.

PORTER, G. The rat. *In*: PORTER, G. E LANE-PETTER, W. *Notes for the breeders of common laboratory animals.* New York: Academic Press, p. 63-79, 1962

REESE, E. P. *Análise do comportamento humano.* Rio de Janeiro: José Olímpio Editora, 1973.

RODRIGUES, M. *Estudo dos fatores sociais envolvidas na escavação do solo por obreiras Atta sexdens rubropilosa, Forel, 1908.* Dissertação de Mestrado, Instituto de Psicologia da Universidade de São Paulo, 1983.

SKINNER, B. F. *Ciência e comportamento humano.* 6 ed. São Paulo: Martins Fontes, 1985.

______________ *Sobre o behaviorismo.* São Paulo: Cultrix/EDUSP, 1982.

______________ Discussion on behaviorism at fifty. *In* T.W. Wann (Ed) *Behaviorism and phenomenoloogy.* Chicago: University of Chicago Press, 1964.

______________ *Questões recentes na análise comportamental.* 2ª ed. Campinas: Papirus, 1995.

SOUZA, F. P. *Alguns aspectos do comportamento elementar do caramujo Biomphalaria grablata (Say).* Dissertação de Mestrado, Instituto de Psicologia da Universidade de São Paulo, 1977.

STAATS, A.W.; STAATS, C. K. *Comportamento humano complexo.* São Paulo: EPU, 1973.

TIEDEMANN, K. B. Sensibilidade espectral em *Argiope argentata*. Dissertação de Mestrado, Instituto de Psicologia da Universidade de São Paulo, 1975.

WHALEY D. L.; MALOTT, R.W. *Princípios elementares do comportamento.* 6ª. ed. São Paulo: EPU, 1980, v.1.

______________ *Princípios elementares do comportamento.* 4ª ed. São Paulo: EPU, 1981, v. 2.

WHEITHE, W. H. *The laboratory rat in the UFAU - handbook, on the care and management of laboratory animals.* New York: Churchill-Livingstone, 1987.

ANEXOS

Para completar a parte das práticas de laboratório, apresentam-se três anexos.

No primeiro, resume-se as normas dá Associação Brasileira de Normas Técnicas (ABNT) para publicação de relatório de experimentos.

Nos dois últimos, apresentam-se roteiros para discussão de dados coletados em alguns dos experimentos propostos.

ANEXO A

ROTEIRO PARA ELABORAÇÃO DE UM RELATÓRIO DE PESQUISA

A realização de pesquisas é, sem dúvida, um fator importante para promover conhecimento, indicar soluções e resolver problemas. A comunicação dos resultados de uma investigação científica deve ser feita para que eles sejam incorporados ao conhecimento científico já existente, colaborando para o acúmulo de dados.

O objetivo do relatório de uma pesquisa é comunicar aos leitores sobre o problema investigado, o método usado para resolver tal problema, os resultados da investigação e as conclusões a que se chegou a partir dos resultados. Não é função do investigador convencer o leitor das virtudes de sua pesquisa, mas sim relatar, o mais claramente possível, o que foi feito, os resultados e as conclusões.

O relatório deve ser escrito de tal forma que o leitor possa chegar às suas próprias conclusões quanto à adequação da pesquisa e quanto à validade dos resultados e conclusões apresentadas.

A comunicação dos estudos à comunidade científica é feita de forma padronizada de modo que permita um entendimento claro entre os vários interessados. Para tal, podem ser usadas as normas estabelecidas pela APA (*American Psychological Association*), aceitas internacionalmente ou, no Brasil, as normas da ABNT (*Associação Brasileira de Normas Técnicas*), entre outras.

O RELATÓRIO CIENTÍFICO

A linguagem usada nesses relatórios deve ser clara, objetiva e precisa, evitando-se o uso de termos ambíguos ou não definidos anteriormente, os quais podem levar a interpretações errôneas por parte do leitor.

Nos relatórios científicos os verbos são empregados no *tempo passado*. A terceira pessoa é usada, referindo-se em geral ao "experimentador" ou ao "sujeito". Não se deve utilizar "eu", "nós", "o autor" ou " o escritor", substituindo-se por expressões impessoais como: "foram utilizados 20 sujeitos..." ou "obteve-se 25% de acerto....".

O editor de texto de computador mais comumente usado é o *Word*, da Microsoft. A fonte deve ser *Times new roman ou Arial*, tamanho 12, preta, estilo normal. O papel empregado como padrão é sulfite branco, tamanho A4.

O relatório deve ser digitado em espaço dois, exceto o *resumo* que deve ser digitado em espaço um, e as margens devem ter as seguintes medidas:

Superior: 3 cm;
Inferior: 2 cm;
Esquerda: 3 cm; e
Direita: 2 cm.

A rigor, cada nova seção de um relatório inicia-se em uma *nova página*, podendo, no entanto, por uma questão de economia em revistas, anais etc, escritas na sequência.

As seções de um relatório científico devem obedecer a seguinte ordem:

1. Capa
2. Página de rosto
3. Sumário
4. Resumo
5. Abstract
6. Introdução
7. Método: Sujeitos
   Equipamento e/ou Material
   Ambiente experimental
   Procedimento
8. Resultados
9. Discussão
10. Referências bibliográficas
11. Anexos

1. CAPA

A capa contém:

• *O(s) nome(s) completo do(s) autor(es),* em ordem alfabética de acordo com o prenome, escrito(s) na parte superior da página, centralizado(s);

• *O título do trabalho,* escrito no centro da página, centralizado;

• *Instituição* centralizado no final da página;

• *Cidade,* escrito na linha imediatamente abaixo da instituição, centralizado; e

• *Ano,* escrito na linha imediatamente abaixo da cidade, centralizado.

Todos estes itens devem ser escritos com (todas) letras *maiúsculas.*

2. PÁGINA DE ROSTO

A página de rosto deve conter todos os itens especificados para a capa(item I). A diferença é que abaixo do título, à direita, deve haver uma breve *explanação* acerca da natureza do trabalho.

Por exemplo: Relatório realizado na disciplina de Psicologia Experimental do curso de Psicologia, referindo-se ao o nome da instituição onde ele foi realizado. Na linha imediatamente abaixo à explanação escreve-se *Orientador*: (seguido do nome completo do professor que orientou a pesquisa).

O título do trabalho deve ser conciso, mas significativo para o leitor. Costuma-se fazer alusão às variáveis dependentes e independentes manipuladas no experimento, sujeitos e, às vezes, local onde se realizou a pesquisa, como por exemplo:

EFEITO DO PROCEDIMENTO DE EXTINÇÃO SOBRE A RESPOSTA DE PRESSIONAR A BARRA EM RATOS ALBINOS NUMA SITUAÇÃO EXPERIMENTAL

3. SUMÁRIO

O Sumário refere-se ao índice, onde devem constar as principais seções do relatório e suas respectivas páginas.

4. RESUMO

O título RESUMO deve ser escrito com as letras em maiúsculas, sem ser sublinhado e centralizado no alto da página.

Aqui são fornecidas, resumidamente, as informações básicas do estudo, tais como problema, método, resultados e conclusões, utilizando-se os verbos no tempo passado.

O Resumo deve conter no máximo 200 palavras. É escrito num parágrafo único, com sequências correntes de frases, usando-se espaço simples.

5. ABSTRACT

Na maior parte das vezes é exigido um resumo em inglês, francês e/ou espanhol, além do resumo em português. Caso isto ocorra, cada um deles iniciar-se-á em uma nova página.

6. INTRODUÇÃO

Em geral, nesta seção não se coloca o título Introdução. Algumas vezes, o título do trabalho, autor(es) e instituição podem ser repetidos, centralizados no alto da página, antes de se iniciar a Introdução.

Ela deve conter uma breve revisão de trabalhos diretamente relacionados com o problema da pesquisa. Isso significa uma revisão bibliográfica, abrangendo os principais artigos relacionados com o trabalho. Não basta que se copie ou cite a referência, mas que se façam algumas considerações, resumos, relatos.

Além da revisão da literatura, deve conter a definição do problema ou das variáveis dependente e independente manipuladas na pesquisa. Deve ser colocado também o objetivo do estudo e sua importância para o corpo acumulado de conhecimentos teóricos e/ou aplicação prática.

7. MÉTODO

A descrição do Método inicia-se em uma nova página e o título MÉTODO é escrito com (todas) as letras em maiúsculas, centrado no alto da página.

A seção de Método deve ser descrita com detalhes suficientes para permitir ao leitor entender e reproduzir o experimento, caso haja interesse. O Método pode ser subdividido em partes, dependendo da necessidade do relato. Essas partes, comumente, abrangem: sujeitos, equipamento e/ou material, ambiente experimental e procedimento.

Cada um destes sub-itens são escritos no canto esquerdo da página, grifados ou em itálico, usando-se letras maiúsculas somente nas iniciais.

Sujeitos

Aqui se descrevem os sujeitos utilizados na pesquisa, citando-se suas características relevantes, por exemplo, número de sujeitos usados, idade, sexo, raça, nível de privação, procedência (no caso de animais inferiores), nível sócio-econômico, nível de escolaridade e outros dados importantes (no caso de seres humanos).

Equipamento e/ou material

Neste sub-item descreve-se o material e/ou equipamento técnico usado na pesquisa. Por exemplo: câmara experimental, questionários, inventários, folhas de registro, lista de palavras, estímulos etc.

Os modelos do material usado, por exemplo, as folhas de registro e questionários, devem ser colocados ao final do relatório, na seção denominada *Anexos*, devidamente numerados e com seus respectivos títulos.

Ambiente experimental

Todos os detalhes relevantes do ambiente em que o experimento ou pesquisa foi realizado devem ser descritos, para que o leitor possa ter uma ideia clara do local. Se a descrição exigir muitos detalhes, pode-se anexar um desenho esquemático do local, contendo a disposição de seus elementos mais importantes, por exemplo, a localização do experimentador e/ou do equipamento experimental, medidas da sala etc.

A figura deverá ser colocada também nos Anexos, ao final do relatório.

Procedimento

Neste sub-item descreve-se todo o procedimento na sequência em que foi realizado. Pode conter a descrição de fases experimentais, técnicas de controle de variáveis, manipulação de variáveis independentes, medidas das variáveis dependentes e formas de registro, forma de apresentação de estímulos, grupos utilizados e como foram constituídos, reprodução das instruções dadas aos sujeitos (caso elas sejam razoavelmente concisas) ou um resumo informativo dessas instruções (caso sejam extensas), duração e intervalo das sessões experimentais, entre outros.

Enfim, tudo de relevante que tenha sido realizado no experimento deve ser relatado aqui, visando-se a compreensão do leitor. Assim, se houver a necessidade de repetição do experimento, todos os detalhes podem, de fato, ser realizados como no estudo original.

8. RESULTADOS

Em uma nova página, a palavra RESULTADOS deve ser escrita com (todas) as letras em maiúsculas, centrada no alto da página.

Esta seção refere-se aos dados obtidos na pesquisa. É uma parte puramente descritiva, onde estão os resultados dos cálculos estatísticos e as referências às tabelas e aos gráficos.

As tabelas são denominadas Tabelas e são numeradas com algarismos arábicos, enquanto os gráficos são denominados Figuras, que também são numerados com algarismos arábicos. Atenção! Embora os gráficos e tabelas sejam descritos nesta seção, *não são* inseridos no corpo do texto. Cada um dos gráficos e das tabelas será colocado em uma folha separada, um a um, no final do trabalho, antes da seção de *Anexos*.

Fotos ou desenhos são, analogamente consideradas Figuras, recebendo o mesmo tratamento.

9. DISCUSSÃO

O título DISCUSSÃO deve ser escrito (todas) as letras em maiúsculas, sem ser sublinhado, centrado no alto da página.

Nesta seção são apresentadas as conclusões formuladas a partir dos resultados obtidos. Os resultados são relacionados ao problema de pesquisa (especificado na Introdução), podendo haver ou não a comprovação das hipóteses levantadas inicialmente no estudo.

Implicações e limitações, relativas à teoria e/ou à prática, devem ser propostas, além de se discutir as implicações e relações com outros estudos realizados anteriormente na área.

As interpretações dos resultados não podem ser subjetivas, mas sim, parcimoniosas. É possível que a pesquisa conclua que os dados obtidos não foram suficientes para comprovar o problema levantado. Assim, pode-se sugerir a necessidade de se realizar outros estudos a respeito do assunto.

O tempo do verbo, usado no relato desta seção, deve ser também o passado.

10. REFERÊNCIAS BIBLIOGRÁFICAS

O título REFERÊNCIAS BIBLIOGRÁFICAS deve ser escrito com (todas) as letras em maiúsculas, sem ser sublinhado, centrado no alto da página e todas as referências (livros, revistas, jornais etc) citadas no corpo do texto devem ser aqui listadas.

Nesta seção, as obras citadas são colocadas na ordem alfabética, de acordo com o sobrenome dos autores. Se houver mais de uma referência de um mesmo autor, será obedecida a sequência do ano de publicação, em ordem crescente.

O sobrenome dos autores é escrito com (todas) as letras em maiúsculas.

Exemplos: BACHRACH, A.J.

FERSTER, C.B.; CULBERTSON, S.;PERROT BOREN, M.C.

Note que uma vírgula é colocada entre o sobrenome do autor e as iniciais de seu nome. Quando existe mais de um autor, seus nomes são separados por ponto e vírgula.

Citação de livro: após o nome dos autores, coloca-se o nome do livro grifado, em *itálico* ou em **negrito**, seguido de ponto. O subtítulo não deve ser grifado, ou em itálico ou negrito. Após, coloca-se o local (cidade onde o livro foi publicado), seguido de dois pontos (ou vírgula), a editora, seguida de vírgula e o ano da publicação, seguido de ponto. Exemplo:

BACHRACH, A.J. *Introdução à pesquisa psicológica*. São Paulo: EPU, 1975.

No caso de tratar-se da **citação de um artigo** de revista ou periódico, é colocado o nome do artigo, o nome do periódico grifado ou em itálico ou em negrito, volume, fascículo, página inicial e página final do artigo e ano de publicação.Exemplos:

LOMBARD-PLATET, V. L. V. Relação mãe e filho: considerações sobre o apego. São Paulo: *Revista Integração*, n.7, 270-275, novembro de 1996.

WATANABE, O. M. O desenvolvimento da expressão escrita através da intervenção psicopedagógica: estudo de caso. São Paulo, *Psichê:* revista do Curso de Psicologia do Centro Universitário FMU, v.5,n.1, 52-59, jan/jun de 2000.

Quando tratar-se da citação de **capítulos inseridos em livros**, deve ser citada a fonte que contém o capítulo. Exemplo:

WATSON, R.I. A tradição experimental e a psicologia clínica. *In* BACHRACH, A.J. *Fundamentos experimentais da psicologia clínica*. São Paulo: Herder, 1972.

Repare que foi citado o autor do capítulo, o nome do capítulo, a palavra *In*[15] em itálico, o autor do livro, nome do livro, local, editora e o ano de publicação.

[15] *In* é palavra proveniente da língua latina. Significa "em". É usada para designar a fonte(BACHARACH) que traz o material (WATSON) que foi citado na pesquisa.

Teses e dissertações não publicadas podem ser citadas da seguinte forma:

LOMBARD-PLATET, V.L.V. *Algumas considerações sobre o comportamento da criança na introdução à escola.* Dissertação de Mestrado, Instituto de Psicologia da Universidade de São Paulo, 1986.

Publicações coletadas na Internet são citadas na seguinte forma: dados do artigo, livro, monografia, seguido do endereço eletrônico e a data de acesso.

CARRARA, K. *Acesso a Skinner pela sua própria obra:* publicações de 1930 a 1990. 13p. Artigo disponível na Internet ou disponível em: http://www.behaviorism.org/carrara.htm. [5 julho 1998] da consulta ao material. Há duas formas: ou coloca-se: Acesso em 10/08/2014 ou usa-se colchetes: [10/08/2014]

9. ANEXOS

Neste item são colocados os modelos dos questionários aplicados, gráficos, tabelas, figuras referentes aos equipamentos usados, diagramas do local onde foi feita a pesquisa etc. Os anexos são identificados com letras maiúsculas, na sequência em que aparecem no texto.

O título das tabelas deve ser escrito acima das mesmas e o título das figuras, abaixo das mesmas, ambos numerados com algarismos arábicos.

O título de cada anexo deve ser conciso, mas claro o suficiente para o entendimento do leitor, estando um em cada página. Exemplo:

Anexo A: Modelo da folha de registro utilizada nas seções de observação dos comportamentos de interação mãe-criança.

ANEXO B

DISCUSSÃO DE DADOS OBTIDOS NOS EXPERIMENTOS DE NÍVEL OPERANTE, CRF, EXTINÇÃO E RECONDICIONAMENTO

Este roteiro tem como objetivo levar o aluno a um tipo de análise dos dados obtidos em experimentos feitos em laboratório (propostos neste manual), estimulando as habilidades de descrever dados, relacioná-los com as variáveis que foram manipuladas e com os princípios estudados na teoria.

Uma forma de se analisar dados é dispô-los em tabelas e representá-los em gráficos. A proposta é que o aluno construa inicialmente um gráfico de frequência acumulada das respostas de pressionar a barra, a partir do registro de dados do exercício de Nível Operante e do exercício de Delineamento de Reversão (CRF, Extinção e Recondicionamento). Alguns conhecimentos básicos de Estatística serão necessários.

Para isso, o aluno deve:

1. Ter em mãos as folhas de registro das sessões de: Nível Operante e do Delineamento de Reversão (CRF, Extinção e Recondicionamento).

2. Totalizar quantos minutos foram empregados na condução dos dois experimentos (total de minutos no Nível Operante mais o total de minutos de CRF, Extinção e Recondicionamento).

3. Construir uma tabela, conforme o modelo a seguir:

Minutos	Frequência simples de respostas	Frequência acumulada de respostas
1		
2		
3		
etc		

4. Preencher a tabela com os dados de frequência simples da folha de registro de Nível Operante, minuto a minuto. Continue a copiar os dados de frequência simples do experimento de Delineamento de Reversão (CRF, Extinção e Recondicionamento), começando a partir do minuto seguinte ao último minuto de Nível Operante. Por exemplo, se a sessão de Nível

Operante durou 30 minutos, continue a colocar os dados do exercício de Delineamento de Reversão a partir do minuto 31.

5. Calcular a *frequência acumulada das respostas* de todos esses minutos.

6. Passar um traço horizontal no minuto em que cada fase terminou. Por exemplo, se a sessão de Nível Operante durou 30 minutos, passe um traço horizontal na linha que separa o minuto 30 do minuto 31, fazendo o mesmo para as outras fases do procedimento, de acordo a folha de registro da sessão experimental. É importante ressaltar que agora, na tabela, a numeração dos minutos mudou, por estarem juntos os exercícios de Nível Operante e de Delineamento de Reversão. Por exemplo, se o primeiro período de CRF durou 4 minutos, o próximo traço horizontal deverá ser feito após o minuto 34 (30 minutos de Nível Operante mais 4 minutos de CRF).

7. Dar um título à tabela, referindo-se ao tipo de frequência que ela exibe, à qual resposta ela se refere, sujeito e procedimento(s). Um título sugerido pode ser o seguinte:

Tabela ___: Frequências simples e acumulada da resposta de pressionar a barra de um rato albino em Nível Operante, CRF, Extinção e Recondicionamento.

8. Agora, passamos à orientação da construção (manual) do gráfico, tendo como referência os dados contidos na tabela.
   a. Providenciar uma folha de papel milimetrado, o que permite uma visão mais precisa dos dados;
   b. Verificar quantos *minutos ao todo (II)* e qual o *maior número de respostas (I)* serão representados no gráfico (verifique os dados da última linha da tabela);
   c. E com base nos dados solicitados em (b), decidir o tamanho da *abscissa*, a partir dos dados obtidos no item *(II)* e como será a sua divisão. Nela estarão representados os *minutos*, um a um;
   d. A partir dos dados obtidos no item *(I)*, decidir o tamanho da *ordenada* e a divisão de cada unidade (da ordenada). Nela estará representada a *frequência acumulada de respostas*. Para obter uma proporção razoavelmente adequada do gráfico, a medida total da ordenada deve ser aproximadamente ¾ da medida total da abscissa;
   e. Nomear corretamente cada um dos eixos – ordenada e abscissa;
   f. Representar no gráfico a frequência acumulada de respostas, marcando os pontos em cada minuto e uni-los com o auxílio da régua;
   g. Separar as fases com uma linha perpendicular à abscissa, no minuto correspondente à mudança de cada uma das fases, seguindo a marcação dos traços horizontais feitos na tabela;

h. Nomear o gráfico, referindo-se ao tipo de frequência usada, resposta, sujeito, e procedimentos; e (dar-lhe um título)

i. Anexar ao relatório a tabela e as folhas de registro, correspondentes ao gráfico construído.

Modelo do gráfico:

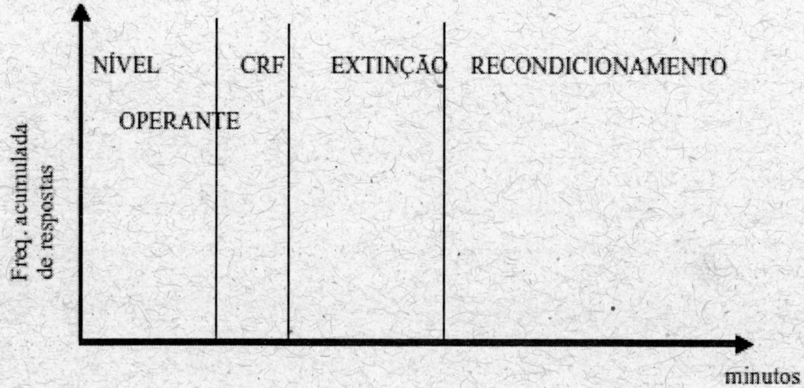

Figura: ____: *(título do gráfico)*

Na sequência, é apresentado um roteiro para ser completado. Na medida em que o aluno preenche as lacunas e/ou responde às questões formuladas, tem-se um discurso fluente referente à discussão dos dados obtidos nesses experimentos realizados no laboratório.

Nível Operante

1. O comportamento escolhido para a observação do rato albino foi a resposta de............ ...., que pode ser definida operacionalmente como (dê a definição operacional da resposta de pressionar a barra, fornecida nas instruções do exercício de laboratório de *Nível Operante)*..

2. Para que a água pudesse atuar como reforço positivo, o animal foi submetido a um regime de........................... de................ por um período de...... horas, antes do experimento.

3.Nível Operante refere-se à...

....

4. Durante a fase de Nível Operante, a chave da caixa de controle permaneceu na posição........................., durante.......... minutos. Portanto, (ocorreu ou não?).................. .... a apresentação do reforço positivo, água.

5. Descreva como foi feito o registro de dados durante a fase de Nível Operante.

6. A frequência acumulada na fase de Nível Operante totalizou.......... respostas de pressionar a barra.

7. A curva acumulada referente a esta fase mostrou uma aceleração (positiva, negativa, nula ou constante?)................................., o que significa que a frequência de respostas (aumentou, diminuiu, permaneceu constante ou foi igual a zero?)...

CRF

1. Nesta fase, o reforço positivo foi liberado após......................................., a fim de estabilizar rapidamente a sua frequência.

2. A chave da caixa de controle permaneceu na posição........................, até que o animal recebesse....... reforços. A duração total da fase de CRF foi de....... minutos.

3. A curva acumulada de respostas referente a esta fase mostrou uma aceleração......................................, o que significa que a frequência de respostas.............................. minuto a minuto.

4. Comparando-se a 1ª fase de CRF com a fase de Nível Operante, observou-se que a frequência da resposta de pressionar a barra..................................... consideravelmente, devido à.... ....

Extinção

1. Nesta fase, o reforço positivo.., com o objetivo de que a frequência da resposta de pressionar a barra.......................................

2. Durante o procedimento de Extinção, a chave da caixa de controle permaneceu na posição.................................. até que o critério de término fosse atingido. O critério de encerramento desta fase foi...

3. A duração total da fase de Extinção foi de......... minutos (calcule a partir de sua folha de registro) e o total de respostas emitidas durante esta fase foi de...............

4. Comparando-se os dados obtidos na fase de Extinção com a fase anterior – CRF –, notou-se que, de fato, ocorreu uma.................................. na frequência de respostas.

5. Verifique se na sua curva acumulada é possível constatar-se o efeito típico de um comportamento em extinção, ou seja, se no início da extinção há um aumento na frequência da

resposta e depois uma diminuição gradual na frequência dessa resposta. Caso isto tenha ocorrido, relate este fato neste item, bem como a justificativa do porquê deste fenômeno.

6. A curva relativa à fase de Extinção mostrou uma aceleração.............................. até aproximadamente o minuto........, a partir do qual a aceleração tornou-se....................................... até o minuto........ Nos últimos três minutos da curva da fase de Extinção, a aceleração foi ....

(Se preferir, descreva a tendência geral de aceleração da curva, no sentido dela ser negativa ou positiva. Verifique se ela se torna nula nos últimos minutos, baseado no critério de término adotado nesta fase).

7. Levando em conta a manipulação experimental realizada nesta fase, justifique porque houve a diminuição na frequência da resposta.

Recondicionamento (ou CRF)

1. Terminada a fase de Extinção, o animal (voltou ou não?)...................... a pressionar a barra imediatamente. (Se sua resposta é *afirmativa, prossiga diretamente para o item 2*; se a resposta é *negativa, continue respondendo ao item 1)*.
   - O que o experimentador fez para reinstalar a resposta de pressionar a barra? (Dê o nome técnico do procedimento e descreva como ele foi feito, citando também as respostas na sequência em que foram reforçadas)

2. Na fase de Recondicionamento, a frequência de respostas................................. em relação à fase de Extinção. Isto foi percebido através da aceleração................................ da curva, até o minuto........

3. Este aumento na frequência da resposta de pressionar a barra foi devido à....................... .... que, durante a fase de Extinção, não foi apresentada.

4. Observando-se a frequência da resposta nos últimos minutos desta fase de CRF, o animal (apresentou ou não?)... uma redução na frequência das respostas nos últimos minutos do experimento. (Caso a sua resposta seja *afirmativa, continue respondendo este item*; caso seja *negativa, prossiga diretamente para o item 5)*
   - Nesta 2ª fase de CRF, a frequência de respostas aumentou até o minuto........ e a partir daí, começou a diminuir. Isto indica que o animal estava................................., pois embora o reforço positivo estivesse disponível, ele não pressionava a barra.

5. A frequência de respostas na fase de Nível Operante foi (menor ou maior?)....................... em relação à frequência da resposta na primeira e segunda fases de CRF.

6. Houve a recondicionamento da resposta de pressionar a barra, utilizando-se o procedimento de Modelagem. Logo após a Modelagem, foi utilizado o procedimento de ...., num esquema de CRF (esquema de reforçamento contínuo). Nesse procedimento, (faça a descrição técnica do procedimento utilizado)..

7. Pode-se concluir que, quando houve a.. do reforço positivo, na fase de CRF, a frequência de respostas....................................., desde que o animal estivesse.............................. do estímulo usado como reforçador; quando esse reforço positivo.. durante a fase de Extinção, a frequência de respostas diminuiu até zero (levando-se em conta o critério de término estabelecido para esta fase) e, quando houve novamente a.................................... do reforço positivo na última fase de CRF, a frequência de respostas..

8. Logo, a variável responsável pelo............................ e.............................. na frequência da resposta foi a manipulação experimental realizada na variável independente – apresentação de água. Além disso, a..................................... e a saciação do sujeito também puderam ser consideradas como variáveis responsáveis pelo aumento na probabilidade do sujeito responder mais ou menos sob determinadas condições experimentais, produzindo alterações na variável dependente.

ANEXO C

DISCUSSÃO DOS DADOS OBTIDOS NO EXPERIMENTO DE TREINO DISCRIMINATIVO

Para responder às questões desta discussão de dados é preciso, antes de tudo, construir uma tabela, com os dados obtidos nos experimentos e, a partir dela, fazer o gráfico desses dados. Alguns conhecimentos de estatística fazem-se necessários.

1. Para construir a tabela, tenha em mãos as folhas de registro das sessões realizadas no exercício Treino Discriminativo em FR.

2. No caso de ter sido realizada mais de uma sessão, os dados serão analisados *conjuntamente*. Para tal, verifique quantos períodos sucessivos do estímulo discriminativo (*ou* de S^{Δ}, já que o número é o mesmo) foram usados em cada sessão e *some-os.*

3. Construa a tabela, com o *total de períodos de estímulo discriminativo e estímulo delta usados nas sessões realizadas.*

Períodos	Freq. simples	Freq. acum.	Freq. simples	Freq. acum.
1	15	15	4	4
2	5	20	5	9
3	10	30	10	19
4	5	35	12	31
5	15	50	9	38
etc.				

a. Note que a frequência de respostas em presença do *estímulo discriminativo* foi obtida a partir da coluna "*Nº de reforços liberados em FR-5*", na sua folha de registro.

b. É óbvio que se cada reforço foi apresentado a cada 5 respostas, então, é só multiplicar os números dessa coluna por 5. Na coluna de frequência acumulada, as respostas são somadas, considerando-se o total de períodos de todas as sessões *juntas.*

c. Na coluna de frequência simples em S^{Δ} coloque as respostas dadas em cada período, para depois acumular o total de respostas de todas as sessões juntas.

d. Após colocar os dados nessa tabela, faça um traço horizontal após o período em que *cada* uma das sessões realizadas foi *encerrada*. Por exemplo, se a sua primeira sessão durou 32 minutos, passe um traço horizontal na linha que separa o período 32 e 33; se a segunda sessão durou mais 16 minutos, o traço horizontal deverá estar após o período 48 (32 + 16) e assim por diante.
e. Esta tabela deverá ter um título e a sugestão é a seguinte:

Tabela ____: Frequência simples e acumulada da resposta de pressionar a barra, em um rato albino, frente ao estímulo discriminativo e estímulo delta, durante um procedimento de Treino Discriminativo.

4. A partir da *tabela*, construa o gráfico, utilizando folha de papel milimetrado.
   a. Na *ordenada* coloque a *frequência acumulada de respostas* e na *abscissa* serão colocados os *períodos sucessivos de* S^D e S^Δ.
   b. Desenhe os eixos, nomeie a ordenada e a abscissa, dividindo cada uma delas, observando que o maior número na ordenada (frequência acumulada de respostas) será o número total encontrado no último período da tabela.
   c. Marque os pontos relativos à frequência acumulada diante do *estímulo discriminativo* e trace a curva, unindo os pontos com auxílio da régua. Use tipos de linhas diferentes para S^D e S^Δ. Por exemplo, una os pontos de S^D com uma linha contínua.
   d. Na sequência, marque os pontos relativos à frequência acumulada diante do *estímulo delta* e trace a curva com uma caneta de outra cor, unindo os pontos com uma régua(ou faça uma linha tracejada).
   e. No período correspondente à mudança de sessão, trace uma linha vertical e escreva nas sessões correspondentes: *1ª sessão, 2ª sessão* e outras, se houver, no alto do gráfico.
   f. Coloque uma legenda, indicando o tipo de linha referente à cada uma das curva de frequência acumulada, frente à S^D (contínua) e diante de S^Δ (tracejada), como por exemplo:

S^D ____

S^Δ ....

. períodos sucessivos de SD e S^Δ

Figura: ____: (título do gráfico)

O título deste gráfico (colocado abaixo da figura) pode ser o seguinte:

Figura____: Frequência acumulada das respostas de pressionar a barra por um rato albino no procedimento de Treino Discriminativo frente ao estímulo discriminativo e ao estímulo delta.

Na sequência, é apresentado um roteiro para discussão de dados. Na medida em que o aluno preenche as lacunas e/ou responde às questões formuladas, tem-se um discurso fluente referente à discussão dos dados deste experimento.

De posse da tabela e do gráfico, responda às questões dadas a seguir.

1. O objetivo do procedimento de Treino Discriminativo foi estabelecer o controle de.......... ....sobre a resposta de.., sendo o sujeito experimental, um........................., privado de..................... durante......... horas.

2. Controle de estímulos significa..(defina usando os termos técnicos),..ou seja, o animal deveria pressionar a barra em presença do........., que neste experimento era presença de.., e simultaneamente,.. diante de..........., que era a........................ ....

3. Os dados referentes às frequências simples e acumuladas frente a .... e .... em cada período sucessivo de apresentação dos estímulos, referentes às (quantas?) .... sessões realizadas, foram colocados na Tabela 1.

4. A frequência simples de respostas frente ao estímulo discriminativo foi obtida a partir do número de.................................... liberados em cada período. Como as respostas foram reforçadas num esquema............... (dê o nome do esquema de reforçamento e seu valor), bastou multiplicar-se o número de reforços positivos apresentados por......... (coloque o número por extenso), para se obter a frequência de respostas em cada período.

5. A frequência simples de respostas em S delta foi obtida a partir do registro efetuado durante a realização do experimento e, posteriormente, foi calculada a frequência acumulada.

6. Os dados relacionados na Tabela 1 foram transpostos para a Figura 1, tendo-se, na ordenada, a.................................... e na abscissa, os.................................. A figura 1 apresentou duas curvas, sendo uma referente à frequência acumulada de respostas por período em.............. e a outra em...............

7. Foram realizadas.......... sessões de Treino Discriminativo, sendo que a primeira sessão durou até o período........... e a segunda sessão, até o período.........., o que significou que a segunda sessão totalizou........... períodos de apresentação dos estímulos (calcule quantos períodos teve a segunda sessão. Se foram realizadas mais do que duas sessões, indique também quantos períodos houve em cada uma das outras sessões).

8. Observou-se que na 1ª sessão, o sujeito emitiu o maior número de respostas de pressionar a barra em (S^D ou S^Δ?)................, totalizando......... respostas frente ao estímulo discriminativo e.............. respostas na presença do estímulo delta (coloque a frequência acumulada frente ao estímulo discriminativo e S^Δ obtidas no *último período* da 1ª sessão).

9. Pode-se perceber isso através da aceleração das curvas de frequência acumulada de respostas emitidas diante de S^D e de S^Δ: à medida que decorreram os períodos de apresentação de S^D, a aceleração da curva tornou-se (positiva, negativa ou nula?)..............................., enquanto que a aceleração da curva de S^Δ tornou-se...

10. A duração dos períodos de S^Δ foi menor do que um minuto até o período (veja a folha de registro).........., ou seja, foi sendo aumentada a duração de cada período, variando entre.......... até............ segundos.

A curta duração desses primeiros períodos de S^Δ fez com que a frequência acumulada de respostas nos 13 primeiros períodos de apresentação de S^Δ fosse igual a............ (coloque aqui a frequência acumulada obtida em S^Δ até o período 13), ou seja, relativamente (baixa ou alta ?)...................................... (no caso da frequência nesse períodos ter sido alta, apesar de sua curta duração, levante as possíveis variáveis responsáveis por esse resultado).

11. A partir da 2ª sessão, notou-se que a frequência de respostas frente ao estímulo discriminativo (aumentou ou diminuiu?)....................................., enquanto que a frequência de respostas em S^Δ (aumentou ou diminuiu?)...

Isso fica evidente a partir da aceleração (positiva, negativa ou nula?)................................ .... da curva de S^D, até o período....... (coloque o número do período de acordo com o gráfico), totalizando........... respostas (coloque a frequência acumulada obtida no último período do estímulo discriminativo). Em contraposição, a aceleração da curva de S^Δ foi (positiva ou negativa?).. até o período..........., observando-se um total de.............. respostas (coloque a frequência acumulada de respostas até o período mencionado), passando a ser nula a partir do período............. A aceleração nula da curva de S^Δ significa que a frequência simples de respostas foi igual a........................ nos períodos....................... (pelo gráfico, qual o período exato que se refere à aceleração nula?).

12. (Construa um parágrafo justificando, em termos do procedimento realizado, porque a frequência de respostas em SΔ diminuiu e porque a frequência de respostas na presença do estímulo discriminativo aumentou, usando os devidos termos técnicos e os dados do experimento – resposta, reforço positivo.
Caso não tenha atingido o resultado esperado, ou seja a discriminação de estímulos pelo, faça um levantamento das possíveis variáveis que impediram o resultado satisfatório)

13. Concluindo-se, após o treino discriminativo, o comportamento de pressionar a barra

ficou sob... (dê o nome técnico do resultado do procedimento). Houve a aquisição de uma discriminação de estímulos: a resposta de pressionar a barra.......................... de frequência em presença do............, que no caso era a presença de................ e, ao mesmo tempo houve.. da frequência diante de.............., que no experimento era a...

14. A diferença existente entre a presença de luz acesa e a presença de luz apagada ou escuro (facilitou ou não?).. a aquisição da discriminação de estímulos, pois, quanto (maior ou menor?).................................... a diferença entre os estímulos, (maior ou menor?).................................a discriminação de estímulos.